ACTION READING

麦肯锡精英
高效阅读法

[日] 赤羽雄二 著　陈健 译

民主与建设出版社
·北京·

前　言

"没时间读书。"

"即便买了书，也大多只读一半就放弃。"

我非常喜欢读书，有时克制不住会购买很多书。但往往因工作忙碌而没有时间阅读，最终只好把它们束之高阁。

我在这本书中想要告诉大家的是如何从被动读书变为主动读书。

在写这本书的过程中，我仔细观察身边那些十分出色的人，发现他们都有共同的特点：

· 即便工作再忙也会坚持读书。

· 将书中的知识活用到自身的工作和生活中。

他们并不是在盲目地读书,而是有明确的阅读一本书的理由。所以,他们不仅能挤出时间读书,还能快速阅读并领悟书中的知识,然后立即付诸行动。

我们再来看看被动读书的人。

例如,他们经常抱怨没时间读书,就足以证明他们不会合理安排时间。如果那本书真的十分有价值,他们肯定会调整优先顺序,挤出读书的时间。

我个人认为很多人都是在被动读书。

许多人认为读书是一件好事,因此漫无目的地、一本接一本不停地读书。

有的人只读畅销书。

有的人读过一本书后,只觉得"这样啊",便置之一旁。

如果采用被动读书这种方式,很难做到完全理解书中所表达的内容,最终也无法从中获益。如此一来,我们就会慢慢形成读书无用的想法,其结果必然是对书籍敬而远之,最终陷入恶性循环。

优秀的人会积极主动地读书,采取"进攻"的读书方式。

他们虽然平时工作十分忙碌，但也会选择自己需要阅读的书籍，争分夺秒地阅读，并且将书中的知识转化为己用。

我在麦肯锡公司废寝忘食地工作时，也坚持每月读10本书以上。我能够读如此多的书，是因为读书本身也是我工作的一大部分。我经历了多次失败，最终掌握了一套能够在有限时间内最大程度提高阅读效果的"独家秘籍"。

最近我深刻体会到，在读书的人中能够拉开差距的关键在于能否将书中的内容应用到工作和个人成长中。**应该在达到一定标准之前不断读书，但是超过了这个标准后则要限制读书。这时，最重要的是将书中内容付诸行动。**

如果能做到这一点，即使一周或一个月只阅读一本书，读书的价值也会很高。在这本书中，我不仅会介绍我在读书方面的"独家秘籍"，还会向大家介绍书的使用方法。

几天内读完15本书的麦肯锡时代

首先，给大家讲述一下我个人的读书经历。

从小学二年级起，我便开始读日本讲谈社出版的少男少女文学全集、CTON动物图集、怪医杜立德系列丛书，还有儒勒·凡尔纳等作家的科幻小说、《鲁宾逊漂流记》《格列佛游记》等探险小说。

中学时代，我阅读了《简·爱》《呼啸山庄》等著名恋爱小说以及世界文学全集中的大部分小说。

高中复读一年后考入日本东京大学。大学期间，我用在读书上的时间甚至超过了学习的时间。这期间我读了《坂上之云》《三国志》《罪与罚》等书籍。

到目前为止，我一共阅读了大约1800本书。

毕业后，我进入小松制作所工作，开始阅读大前研一和卡内基等杰出人士所撰写的商务书籍。其中，《人性的弱点》《人性的优点》等书都成为我工作中重要的指南。

后来我到斯坦福大学留学，毕业回国后进入麦肯锡公司工作，成为了一名咨询师。为了做好企业咨询师的工作，我必须阅读大量的书籍。

从此，读书成为我工作的一部分。

为了成为一名合格的企业咨询师，就必须要全力以赴地为各个行业的企业客户处理经营上的课题。咨询师在工作中涉及的客户公司的行业范围很广，主要有汽车、机械制造、食品，也有通信基础设施的相关企业以及金融机构，等等。涉及的课题也从拟定未来发展战略到组织机构改革，再到人事制度调整、培养企业骨干、市场开发和开发新项目。

如今我已养成一种习惯，每当在工作中涉及新领域时，就会到书店买15本左右的相关书籍，并在几天内阅读完。为了在工作中获得更大的成果，必须要在短时间内掌握相关领域的基础知识。

比如，当前客户是石油行业的公司，我就会立刻去书店买下书架上的所有相关书籍，并依次阅读。虽然公司也有图书馆，但图书馆中的信息可能会过于陈旧，所以我还是会经常去书店。

听到这里，或许有些人会怀疑几天的时间能否看完十几本书。

实际上，阅读之前我已经有了明确的目的，在读书时会在相关页上贴便签，这样我在推进项目的过程中能够随时参考书中内容。带有明确的目的去读书，不仅可以整理脑中思路，而且还能在与客户交谈时就该领域的相关内容进行探讨。

另外，对于开展新工作、接触新领域，或者从事销售和咨询方面工作的人，在已经有既定客户的情况下，我建议应该立即阅读10~15本与客户所从事的领域相关的书籍。

或许有人会觉得，可以读完这么多书吗？其实只要粗略地阅读，在重要的地方贴上便签，之后再重新阅读，效果就会截然不同。

先粗略地读一遍，对于书中的内容会有大致的印象，之后暂时把书放置一旁。在推进项目的过程中时常参考贴便签的地方，将相关内容作为资料使用。

虽然我在麦肯锡从事咨询工作，但我本身是机械专业的硕士，原本并不具备经营方面的知识。因此，我读了大量关于咨询工作方面的书籍，如战略、组织、市场行情、金融、体制、人事、知识产权，等等。

由于工作关系，我也阅读了大部分的知名商务书籍，例如彼得·德鲁克的大部分名著、汤姆·彼得斯和罗伯特·沃特曼合著的风靡世界的《追求卓越》，等等。

为什么我能够在繁忙的工作中阅读如此多的书籍、掌握如此多的知识，在这本书中我将为大家详细道来。

培养"为行动而读书"的习惯

有人常常抱怨"没时间读书""读了书也没什么用"，但其实他们只是不了解读书方法和掌握知识的方法。

最重要的是把读过的内容充分运用到自己的生活和工作中。如果读过的某一本书成为了改变自身的契机，那么，这比起那些读了上百本书却没有任何改变的人就能够更早地获得更好的成果。其实我也十分想把这个深刻的领悟告诉给年轻时只顾读书的自己。

在本书中，我也将告诉大家这一方法。

掌握信息、付诸行动，才是关键

2000年，我离开了工作14年之久的麦肯锡公司，从那时起我便主要从网络上收集信息，并且在之后的10年间，关注的重点也完全转移到了网络上。我虽然及时关注技术、企业、产业等相关新闻，但同时也感觉自己没有时间读书了。最近，我再次将重心转移到读书上，理由主要有两点：

· 网络上的信息不具备系统性。
· 网络上无法获得涉及事物本质的深层次的知识。

网络上的信息适合了解新的事物，原因在于其中大部分的内容都是在短时间内写成、较为浅薄的知识，即便大量阅读，最终也很难加深自身的见识。

因此，在阅读书籍的同时，经常关注网络上的信息，不断深入挖掘自己的想法并持有独到的见解,这样才是对自己最有帮助的。

当今社会最紧迫的任务是加深对于知识的理解,并进行独立思考。

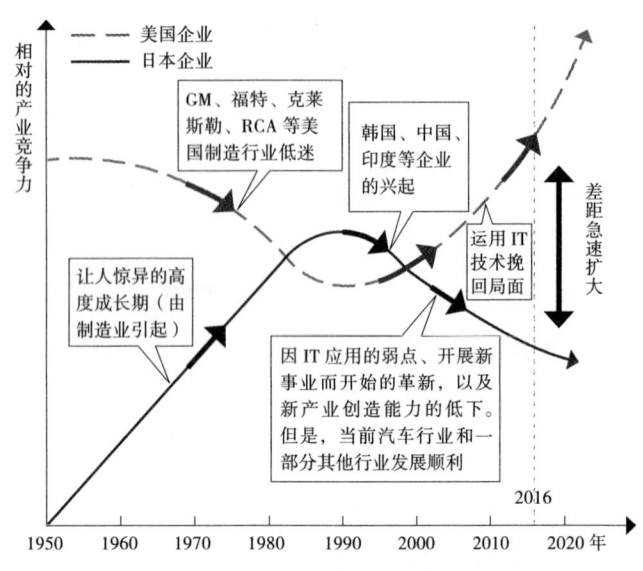

这 10 个领域创造了数百兆日元的产业价值

1. 可穿戴设备
2. IoT(物联网)
3. 数字医疗
4. 互联汽车、无人驾驶汽车
5. 人工智能、机器人学
6. 大数据
7. 3D 打印、创客运动
8. 众筹
9. 共享经济、共享服务
10. 安全保障、隐私

* 特征为 "IT" × "数据" × "平台" × "互联网化的硬件" 的革新

图 1　日本和美国制造行业(IT 相关)中大企业竞争力的变化

图 1 体现了日本和美国制造行业（IT 相关）中大企业竞争实力的变化。如图所示，20 世纪 50 年代以后，日本逐渐缩小了与美国企业之间的差距，而到了 20 世纪 80 年代，日本呈现出超越美国的态势。而到了 20 世纪 90 年代以后，这种态势进一步扩大。

但是，在人工智能、机器人、大数据等领域，日本则落后于美国。2000 年以后，由于 IT 应用的迅速发展，日本被美国远远甩在了后方。

为了重新激发人们的活力，让充满危机感的人们有效地从书籍和网络中获取信息并且付诸行动，这才是最重要的事。

当然，在激烈的竞争当中，以读书和收集信息为基础，让自己不断成长也是十分重要的。

希望广大读者能够将本书中介绍的读书方法转化为自身的习惯。同时，如果这本书能对大家今后的成长带来一些帮助，我将深感荣幸。

赤羽雄二

目 录

前言 ... 1

序章 / 无法读书的5个理由

无法读书的理由① 忙于工作，没时间读书 ... 3
无法读书的理由② 不知应该读什么 ... 5
无法读书的理由③ 没读完的书不断增多 ... 7
无法读书的理由④ 工作繁忙，不知是否应该读书 ... 8
无法读书的理由⑤ 无法专注地读书 ... 10

第一章 / 为什么成功人士工作再忙也要读书

读书的优点① 即便没有MBA证书，也能在麦肯锡工作 ... 15
读书的优点② 开阔视野、提升实力 ... 18
读书的优点③ 挖掘自身的发展潜力 ... 21
读书的优点④ 培养领导才能 ... 23
读书的优点⑤ 掌握独立思考的能力 ... 27
读书的优点⑥ 制定抢先未来的对策 ... 30
读书的优点⑦ 激发干劲 ... 33

第二章 / 为什么成功人士很忙也能够读书

保证读书时间的方法①	确保最基本的读书时间	37
保证读书时间的方法②	如何创造"读书时间"	42
保证读书时间的方法③	在时间表中添加读书时间	50
保证读书时间的方法④	培养适合自己的读书习惯	55
保证读书时间的方法⑤	只在有需要时读书	58
保证读书时间的方法⑥	用社交网络召集读书伙伴	61

第三章 / 短时间内牢记书中内容的"集中读书法"

学以致用的读书法①	将书中内容转化为数据库	69
学以致用的读书法②	读完立即整理笔记	78
学以致用的读书法③	专注阅读一本书	84
学以致用的读书法④	要尽量购买书籍阅读	87
学以致用的读书法⑤	买书后即刻开始阅读	89
学以致用的读书法⑥	不在阅读时做笔记	93
学以致用的读书法⑦	即使有不理解的地方,也不要重读	95
学以致用的读书法⑧	读书时尽量关闭网络和手机	99
学以致用的读书法⑨	思考"为什么要读这本书"	102
学以致用的读书法⑩	不用过多的时间整理书架	107

第四章 / 如何将书中知识转化为自身能力

读书与行动① 限制读书时间,用更多的时间输出 111
读书与行动② 分享读书成果,提升沟通能力 117
读书与行动③ 展开深入广泛的讨论 121
读书与行动④ 在"读书档案"上写明目标,付诸行动 124
读书与行动⑤ 读书后立即写博客 132
读书与行动⑥ 半年后重新阅读 136

第五章 / 不在无趣的书上浪费时间

提高信息敏感度① 30岁之前读300本书 141
提高信息敏感度② 完成读书目标后,继续坚持读书 146
提高信息敏感度③ 使用谷歌资讯收集信息 148
提高信息敏感度④ 问题意识打造高深见解和洞察力 157
提高信息敏感度⑤ 阅读优秀作家的全部作品 161
提高信息敏感度⑥ 关注前辈、朋友的书架 165
提高信息敏感度⑦ 不随意买书 168
提高信息敏感度⑧ 延后阅读畅销书 170
提高信息敏感度⑨ 规划未来5年的目标 172
提高信息敏感度⑩ 提高信息敏感度的7个习惯 179

后　记 185

出版后记 187

序章

无法读书的 5 个理由

无法读书的理由①
忙于工作，没时间读书

或许，对于大多数人来说最为苦恼的就是"工作太忙，没有时间读书"。

大概很多人想要读书，其初衷就是想提高专业技能和个人修养。然而工作、上网等事情占据了大部分的时间，到头来一本书都没有读，只是在不断地买书。

读书原本是我的兴趣，因此当工作十分繁忙而无法读书时，我就会感到压力很大。

我想读的书经常在桌上堆积高达十几厘米。

在这种状态下，就算我设法挤出一些时间来读书，最终也还是要选择优先完成工作。有时我强迫自己读书，可过不了10分钟，就会开始担心明天要交的报告资料。每当有需要花几天时间才能完成的报告时，我就很难静下心来读书。

书或许能给我带来摆脱眼前困境的灵感，消除我的压力，但我却过于忙碌而无暇读书，就这样，想要读的书不断增多……

书原本是我们的良师益友，但它却在不知不觉间变成了一种压力。

每天在忙碌的工作中也能够坚持读书固然很好，但很多人只能望着堆积如小山一般高的书籍，默默地去上班。

其实，解决这个问题最好的方式就是将读书放在最优先的位置上。

关于这一点，我将在本书的 37 页做进一步的介绍。本人从事咨询工作以来，每天非常忙碌，但是我用这个方法保证了读书时间。

无法读书的理由②
不知应该读什么

"读哪本书才好？"

这也是许多人在读书时会遇到的一大难题。

假如想要在书店找一本与工作相关的书，是应该选择与工作直接有关的书呢？还是选择与工作稍微有关联的书呢？如果选择稍微有关联的书，那么哪方面的书对工作更有帮助呢？这本畅销书现在广受好评，是不是也应该读一下？然而经常会有读起来让人觉得无聊的畅销书……我在挑选书的时候也会经常思考这些问题。

我以前有过这样的经历：在书店看到一本很感兴趣的书，当时犹豫是否要买，最终还是会禁不住诱惑。但回到家再读，却发现内容枯燥无趣，便随手丢弃一旁，最终也只是将其束之高阁。

我们经常容易被一本书的封面、目录、前言所打动而将书买回家。买了很多书，却连"应该读什么书""同类的书有很多，应该读这本书吗？"这些最基本的问题都没有弄明白，我想或许这就是没读的书越堆越多的真正原因吧。

在冲动的驱使下所购买的书大多数都很无聊，但偶尔也会遇到十分有趣的书，所以并不能完全否定冲动买书的这种做法，这也是让人十分纠结的地方。

解决这个问题的方法就是要提升对"自己需要的书"的灵敏度，这样，我们才会更加容易地找到最想读的书。我会在第五章介绍具体的方法。

无法读书的理由③
没读完的书不断增多

有些人认为自己喜欢读书，读书能够增长知识，所以这也想读那也想读，不断地买书或者向他人借书。越是工作繁忙的人，这样的想法就越强烈。

然而，这正是导致没读的书越堆越多的原因。

从书店买书、图书馆借书，尽管家里堆满了没读完的书，回到家后却还是会立刻开始读新的书。因为开始阅读新书的一瞬间非常有趣，所以即使有没读完的书，也无法停止阅读新书。

就这样，没读完的书不断增多。

没读完的书不断堆积，也会让人感到有压力。在第三章中我会跟大家介绍，只有**彻底读完一本书后再去读其他书**，才能做到全神贯注地阅读一本书。

无法读书的理由④
工作繁忙，不知是否应该读书

在繁忙的工作中想要找时间读书，但又担心这样做会影响工作，这样的人不在少数。

越是工作忙碌、没有精力认真看书的时候，就越想读书。在还书日期临近时突击读书，就和学生在考试前一天突击学习的心理一样。我从上中学时就一直没有办法改掉这个坏习惯。如今，在读书时会忍不住看看手机，像这样完全无法集中注意力读书的情况也经常发生。

我经常会在意这样的事："一项工作的截止日期已经临近，现在应该读书吗？是否应该早点放下书，开始工作？"有时我也会后悔，觉得不应该浪费时间看书。然而，如果能做到这一点我就不会苦恼了。

这些都是被动读书的证据。

如果是主动读书，那么即使再忙也会想方设法挤出时间阅读。

另外，一旦工作忙碌起来，不仅会想读书，还会想整理办公桌和书架，甚至还会调整自己的工作时间表。从前，我经常会整理书架，调整书的摆放顺序。比如，这本小说要放在另一本小说的旁边，同一尺寸、同一类型的书最好摆放到一起。

关于具体应该如何整理书架，我会在第三章中介绍。

无法读书的理由⑤
无法专注地读书

进入社会后，最大的烦恼之一就是不能像学生时代那样全神贯注地读书。在学生时代，经常会专心致志地读书，甚至有时能达到忘我的境界。怀着激动的心情阅读一本书，经常让人忘记时间的流逝。

工作繁忙确实是一个让人无法专注读书的原因，但即便不是这样，我们也绝不可能再像学生时代那般忘我地读书了。

有很多书想要读，可是担心工作进度，无法专心阅读，就算有时间看书也无法像从前那样投入。

产生这种情况的原因之一便是信息终端。

由于智能手机十分普及，使用起来也十分方便，社交网络、邮件等信息也会经常干扰我们读书。特别是即时聊天软件，即便只发送表情，也会产生大量的对话，确实很分散注意力。

包括我在内，患有手机依赖症的人越来越多，因此无法集中注意力去做一件事也成为了常态。

其实解决这一问题的方法很简单，那就是关闭手机电源。在第三章中，我会告诉大家如何能够全神贯注读书。

为忙碌的人打造的"主动读书"方法

那些被称为顶尖人士的人中，有很多人都十分喜欢读书。

但是，其中大多数都是非常繁忙的。

或许有的人不禁怀疑：他们都是如何在忙碌的工作中找出时间读书的呢？

而那些经常抱怨自己工作太忙，没时间读书的人是怎样的呢？

整天很忙碌的我们应该合理分配时间来读书，这样才能够提高读书效率。

在重新认识书籍重要性的过程中，在忙碌的工作中注意读书的方法，重新审视读书的时间，通过读书让自己的工作和个人生活变得更加充实。能够做到这一点，我们就会不断成长，并取得更大的成果。

不应该将读书视为一种消磨时间的手段，也不应该让读书成为妨碍工作的绊脚石，我们要学会主动读书，并用读书来丰富我们的工作和个人生活。

为此，需要思考以下三点：

· 如何在读书方法上下功夫。采取什么方式才能够让忙碌的人觉得"这样读书十分有效"。

· 如何合理分配读书的时间，以及如何确保读书时间。不再沉迷手机、网络，有效利用时间读书。

· 不只要读书，还要学会善用书中的知识，使工作和生活变得更加充实。

在本书中，我将结合自身的情况和采取的读书策略，和大家一同探讨读书的方法。

另外，本书的关键词不是被动读书而是主动读书。平时感到"忙于工作而没有时间读书"的人，为了实现自己的目标应该如何充分利用读书这一手段。为此，如果这本书能够提供一些帮助，我将感到无比荣幸。

第一章
为什么成功人士工作再忙也要读书

读书的优点①
即便没有 MBA 证书，也能在麦肯锡工作

为什么工作繁忙的成功人士会经常读书呢？

那是因为他们认为书中蕴含着值得他们那样做的价值。

在本章中，我将给大家介绍一些读书的好处。

读书最大的好处就是能够不断积累知识，了解自己未知的领域；知晓国内外发生的所有事情；学习历史、地理、科学知识；了解优秀的企业家以及各个企业的独特的经营模式。

当然，我们也可以选择与人交谈或者看电视来获得知识。但是，书所特有的深度与广度是任何事物都无法替代的，甚至可以说，整个世界都被凝缩在一本书中。

工作中必须掌握的市场经营及管理相关的新技巧、产业动

向、顾客和市场的状况、竞争对手的动态、应该了解的新技术与新素材等事项，都可以通过读书来获得。

我身为机械工学硕士却能够在麦肯锡工作，是依靠读书来学习经营方面的知识。

我不停地阅读与现在的工作内容有关的书，并在重要的地方贴上便签。这样，在实际工作中遇到相同情况时，便可以直接确认书中内容。

就这样，我在书本和实际工作中不断地输入和输出知识，从而掌握了最实用的知识。这就是14年来，我能够不断取得成果的原因。

优秀的人士，其工作领域会不断扩大，工作难度也会逐渐增强。因此，他们经常需要挑战自己不了解，甚至不擅长的工作。这时，如果有人能够帮他出谋划策就再好不过了，但这样的情况非常少见，他们也无法逐一地过问所有的具体事项。

这时，读书便是十分有效的方法。

不用去学校，不必劳烦他人，更不用顾虑周围的人，在工作繁忙之时，通过读书来增长见识实在是一件绝好的事情。

即使向他人求助，也应该提前从书中了解一些相关知识，

向对方提出关键性的问题。单方面地请教他人也并不是不可取，但若能够向对方传达已经事先了解过的相关知识、信息，想必对方也会更加热诚地帮助你。

和初次见面的人打开话题

为了让谈话的内容更加充实，可以提前阅读一些相关书籍，这样能更好地领会对方的想法。通过有质量、有深度的提问，也能够使双方的谈话热情变得高涨。

如果对方出版过书籍，也最好事先阅读。读过这些书后，再与对方交流，对方会感到心情愉悦，从而说出更有意思的话题。由此可见，读书不仅可以建立良好的人际关系，还能够增长自己的见识。

读书的优点②
开阔视野、提升实力

人们常说读书可以开拓视野，然而能够真正理解这句话的含义的人或许并不多。

读过书，就能够明白读书并不只是单纯地积累知识，而是要从广阔的视角去审视、考量、理解知识。如果能够做到这一点，也就能够做到从大局出发，理智地看待事物。

但是说起来容易，实际能够做到的人却少之又少。视野狭窄与视野开阔的人在工作中，即便是面对同一事物、接触相同信息，在把握问题点的方法以及选择对策的种类上也会有决定性的不同。

比如视野开阔的人在阅读亚马逊的云计算和人工智能的举措，以及机器人参与仓库管理等相关报道时，就可以想象杰夫·贝佐斯的野心。亚马逊以网络图书销售而著名，但其目标是构建超越这一范围的行业整体的基础设施，为了实现这一目标，亚马逊正有条不紊地开展相关事业。

而视野狭窄的人则无法从全局出发思考问题，只能想到"亚马逊的业务还真不少啊。参与图书销售之外的领域，到底想做什么？难不成还得意忘形，想要扩大规模？"他们无法理解网络图书销售、云计算、人工智能、机器人这几者之间的关联性，以及其中的重要含义。

也就是说，理解事物的视角发生偏差，就无法把握发生事态的本质，随后采取的对策也大不相同。

工作也是如此。

在我看到的案例中，视野开阔的人在听到总经理和部门领导的方针时，能够从公司的整体经营策略出发来思考自己的工作，然后采取行动。由于他们的想法具有前瞻性，所以他们采取的对策也是最有效的。

而另一方面，视野狭窄的人却只顾眼前利益，不管上级的指示多么高瞻远瞩，他们都只能在自己的狭隘的思考范围内理解事物、分析事物。一言以蔽之，这些人只能看到毫无关联的"点"，却无法思考出连贯且完整的策略和行动。因此，他们的行动毫无计划，在新环境中也只会不知所措。而这样的人也会竭力避免和其他部门的合作，因为他们很难调整自己的工作。

视野的开阔程度对于商务人士的升职和活跃程度有着重要的影响。因此，那些即便再繁忙也会读书、不断开阔视野的人，才能变成优秀的人。

读书的优点③
挖掘自身的发展潜力

阅读洞察力敏锐的作家所写的书,不仅会触及其丰富的知识,还会让我们深刻感受到**"自己还有很多不足之处"**。读书让我们更加深刻地了解自己,书是我们的精神食粮。

当一个人取得了一定程度的成功,不管如何小心谨慎,往往还是容易过于相信自己的实力。因为不断受到周围人和客户的吹捧,所以十分容易将公司和职位的影响力误认为是自己的实力。

不管怎样谨慎,如果整天被人夸赞,提出的意见也都被采纳,上门咨询的人络绎不绝时,就会骄傲自大。站在能够主宰客户销售额的立场上,态度也自然会变得傲慢。

通过阅读接触到高深的智慧时，就会彻底明白自己只是单方面的骄傲自大。特别是在35~40岁这个阶段成为"成功人士"后，更是很少有人会提醒你这一点，所以持有这方面的意识十分重要。有时即使有人提醒自己也不会有所察觉，这就全看自己的心境了。

在漫长的人生中，我们时刻都要成长。如果成为了"优秀人士"，那么还要成为"顶尖人士"。人外有人，天外有天，通过读书，不断接触高深的智慧才是最重要的。

有人认为自己已经年过四十或年过五十，已经无法再成长了，头脑也大不如从前灵活了，这只是在单纯地逃避现实。其实，没有什么事是能够逃避的，一定要接触高深的智慧，拿出干劲。

读书的优点④
培养领导才能

作为人类，能够理解他人的情绪是非常重要的技能。这样的人在工作中会非常出色，不仅能够发挥领导才能，还具有很强的沟通能力，所以经常会有人向其征询意见。

不论工作还是读书，我都十分重视"同理心"，理由就在于此。关于这一点，我会在后面章节详细地介绍。

能够理解他人情绪、体谅他人的人，绝不会贸然做出盲目的判断，首先会努力去理解现场和对方的情况。

这样，他们会很快找到做不到的原因、哪个部分出现了问题以及如何发现解决对策。如果属下和当事人得知有人能够理解自己，便可以毫无顾虑地说出自己的真实想法。如果有"同理心"，那么只听一次，就能够理解微妙的语感，也能够想象当事人的心境。这样一来，无论是在工作中还是在生活中都不会感到太大的压力，从而能把握事情的本质，并以此为基础用最好的方法去推动事情发展。

但遗憾的是，能够做到这一点的人始终是少数。大多数人即便无比清楚自己的痛苦，也不会去尝试理解他人的痛苦。

无法理解他人的情绪和痛苦的人在工作中总会遇到麻烦。

更有甚者，上司或同事已经提醒他要注意这一点，但那个人却觉得"在说些什么呀，都是因为在说这种不争气的话工作才不顺利的"，从而变得带有攻击性。更何况这样的人一直处于自我封闭的状态，导致周围人对他的态度也会变得日渐冷淡。

如果组织中有相对健全的自净作用，这样的人迟早会露出马脚，被调去做一些无关紧要的工作，或者迟迟无法升职。

可以通过读书来了解他人的心情

任何作家都会有其独特的思考方式，也会有形成这种思考方式的原因。在了解这一点的基础上读书，就能够感受到作家心境的变化。

特别是在阅读小说、传记或心理学相关的书籍时，这种感觉会更加明显。

比如，《告别错误百出的相亲活动》（仁科友里）这本书主要是面向那些相亲不顺利的女性群体，帮其分析相亲失败的原因。虽然书名看起来十分简单，但这本书深刻剖析了男性心理，并从心理学角度分析采取的行动是否妥当，因此有助于理解对方的想法。

除相亲活动外，也有很多从心理学角度出发解读企业结构、人际关系的书。如果能够坚持阅读这样的书，或许不知从何时开始，你就会逐渐变得能够理解他人的情绪，从而能够想象对方当下的心情。

小说也同样如此，如果读过一本以上司视角写出的小说，那么作为一名下属，你就会明白上司的处境。读一本不同时代的人所写的书，也能够明白那个时代的人的想法。

常言道，"读书可以培养情操"，指的便是这一点。

通过读书，我们能够逐渐了解他人的情绪、痛苦的种类、情绪波动、坚强程度、痛苦程度等。一旦掌握了线索并且持有问题意识，便能够迅速地深入理解。

感受他人的情绪和痛苦是怎样一回事，从中能够感受到什么，这或许就是在孕育不成熟且一直压抑的"感知神经"吧。

逐渐地，我们会发现周围的景色开始与之前不同，心情也变得愉快起来。因为自己的态度发生了改变，所以周围人的反应也会发生改变，这就会开始进入良性循环。

读书的优点⑤
掌握独立思考的能力

读书可以激发想象力，让想法变得更加丰富。除此之外，读书还能够让人看到在自己十分熟悉并深信不疑的世界之外，还存在一个根本无从想象的世界。

以当今威胁世界的恐怖主义为例。如果你阅读一本有关"伊斯兰国"的书，就会了解到很多关于伊斯兰的知识。另外，还会将各类知识组建起来。比如，"到底为什么这个地区会发生恐怖袭击""伊斯兰教是什么宗教""佛教和基督教又会怎样"，等等。自己的问题意识也会逐渐扩大，从而刺激想象力，思维也会变得更加自由。不用经过特殊的努力就能够对各种事物展开自己的思考。

进一步调查这些想法，那么对于这个主题就会逐渐形成自己的独到见解。

意见和想法是无法从零开始建立起来的，**书籍能够给我们带来拥有思考能力的契机。**

像这样，能够从各种角度寻找答案的做法在工作中十分重要，并且还会让我们的个人生活更加充实。

在成功人士中，偶尔也会有工作狂这种类型的人，他们认为丰富的想象力和想法简直无聊透顶。平时的工作就已经十分繁忙，只要能够保证完成工作就足够了。确实，只要做好被安排的工作就足够了，应付一成不变的工作内容也完全不需要发挥想象力。真正的成功人士大多头脑非常灵活，应对能力极强，在情况发生变化时能够迅速采取行动。

虽然每个人的目标都会有所不同，但以"成为优秀的人"为目标的话，丰富的想象力不可或缺。

相反，有些人没有什么威望，只能得到"工作确实做得还不错，但是当领导还不够格"这样的评价。

我自己在读书时，会时刻注意要激发自己的想象力，丰富自己的想法。虽然我经常阅读不同题材的书，但还是想要把能够激发自己想象力的书全部读完，因为我十分害怕自己的思维僵硬，想法枯竭。

读书的优点⑥
制定抢先未来的对策

读书能够让一个人的洞察力和推理能力得到大幅提升。因为在读书的过程中，能够阅读很多故事，自然就可以锻炼这方面的能力。脑海中有各种各样的案例，便可以随时用来演练。

若是想模拟工作上的场景，可以阅读企业相关的书籍。

松下、索尼、优衣库、苹果、Facebook 等公司是如何创立并不断发展壮大的，在这个过程中遇到了哪些困难，又是如何解决的。了解创业者的烦恼，看到他们反复试错并突破难关，就会想象如果是自己会怎样处理这些问题，应该怎样引领整个公司。不断思考这些问题，就会学到很多的东西。

洞察力与推理能力主要分为两大要素。

首先，是从过去的发展轨迹中发现事物本质的能力。这样才能够在处理问题时不受表面因素的干扰，抓住问题的本质。如果能够做到这一点，采取的对策也会十分精准，快速并切实地解决问题。

苹果公司的创始人史蒂夫·乔布斯认为电脑应该是一款面向大众的产品，所以采取了和IBM PC截然不同的销售策略。然而，由于企业规模的限制，苹果公司的经营状况日益恶化，加上乔布斯本人的个性也十分独特，这曾致使他被迫离开苹果公司。随后他重返苹果公司，推出了iPod、iPhone等产品，展开了强势的进攻。

史蒂夫·乔布斯是如何思考，如何做出判断，如何做出选择的？他做出判断的标准又是什么？他又是怎样克服重重困难的？将这些问题与电脑、手机的发展进程进行对照并分析，就可以培养洞察力与推理能力。只要认真读书，就可以锻炼这些能力。

第二，不仅要关注事件过去的发展历程，还要具备能够推测"接下来会朝这个方向发展"的发展趋势的能力。

谁也无法准确预测未来的发展趋势，也没有任何把握。但是，如果我们具备了洞察力和推理能力，便可以看到其他人完全无法注意到的东西。因为不是毫无计划或是一时兴起的空想，所以能够设想未来的发展趋势。

电视和报纸会一直存在吗？今后是否会发生变化？以爱彼迎为代表的民宿的发展会给日本带来怎样的影响？如果具备优于他人的思考能力，就能够灵活应对各种变化。

因此，擅长预测未来——如我在阅读大前研一先生等人的著作时就会思考"为什么他会这样想"——就可以一边追寻作家的思路一边读下去，从而完全掌握他的思考方式，同时自己也会就此话题进行思考。

读书的优点⑦
激发干劲

大家在读书时是否有过感动到落泪的经历？

我在看书时经常会落泪。有时为主人公的故事而感动，有时为作家细腻的笔触、书中描绘的情节而感动。可以说，我是为了寻找感动而在阅读各类书籍。我会落泪并不是因为内容太过悲伤，而是被书中积极向上的精神所感动，我经常觉得"这十分了不起"，便泪眼朦胧。

一旦感动，就会激发出十足的干劲。虽然这很不可思议，但是人就是这样的生物。被感动之后，自己也会变得积极向上。

我并不是那种从不懈怠、充满热情的实干类型的人，但是，我一直努力维持自己的工作热情。读书，就是最重要的维持热情的手段之一。

对我来说，能够激发干劲的书是能够让我获得新发现的书。

据说，在产生求知欲时人类大脑的结构会使得人们充满干劲。因此，即便只是阅读觉得有意思的书，也是一种可以让自己充满干劲、积极向上的方法。

对于苦恼于自己无法拿出干劲的人，有热情但无法立刻付诸行动的人，我极力推荐你们把读书作为激发干劲的手段。可能每个人的阅读喜好会有不同，但读书确实能够简单、有效地激发出你的干劲。

我常会听到这样的话："那个人总是充满干劲。"即便是这样的人，也需要经常做一些事来维持自己的干劲。

所以，一个人的干劲并不是不可控的，而是完全可以靠自己来提升。

第二章
为什么成功人士很忙也能够读书

保证读书时间的方法①
确保最基本的读书时间

读书虽然有数不清的好处，但一旦工作忙碌起来，便没有时间认真阅读一本书了。我们的精力十分有限，即使有想看的书、必须要看的书，也总是无法立刻开始阅读。

我也是如此。上学的时候经常能够不受干扰、专注地读书。而工作了以后，每天十分繁忙，即使想要读书也因为有必须要完成的工作，从而不断搁置读书这件事。我虽然思考了各种方法来坚持读书，但忙碌的时候却总是心神不定，很难集中精力。

最终，我发现最稳妥的方法是**将读书的优先顺序提前**。或许这看起来似乎是个很普通的方法，但我认为，并没有人将这种普通的方法用在读书上。在得出这个结论之前，我也经历了很多错误的尝试。

首先，要改变自己对读书的认识和定位，告诉自己**若想要生存、工作、不断成长，就必须要坚持读书**。如此，书便不再是"可读可不读"的东西，你会有意识地想要确保一些时间用来读书。同时，你会认为读书非常有帮助，从而能在一个合适的时间段全神贯注地去读书。把读书放在一个积极且必须的位置上，这就是"主动阅读"。

我在这本书的开头也曾提到，今后，如何获取信息并付诸行动是十分重要的。现今，社会发展迅速，倘若永远只做同一件事，便有可能无法生存。比起每天不断重复相同的工作，通过读书不断获取新的知识和技术、提升自身能力，这样做对未来更有益处。

图 2-1 标示出了应该如何在自身的时间分配中将读书的优先顺序提前。在 2×2 的工作框架中，横轴为重要程度，纵轴为紧急程度。在图中，把读书从重要程度"中"和紧急程度"中"提升为重要程度"高"和紧急程度"高"。之前一直认为读书是"并不重要，也不紧急"，可以"有时间的时候再做"的事，现在则是"既重要又紧急，必须要做"的事情。"重要"是指必须要

做,"紧急"则是指不能拖延,要严格遵守时间完成的事。

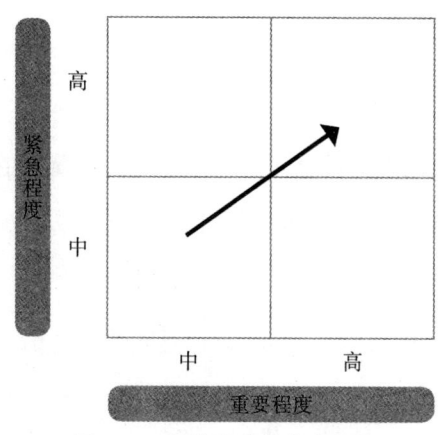

图 2-1 提升读书的优先顺序

使用 2×2 的工作框架,能够整理脑中思路,防止想法发生偏移。

明明还有必须要做的事却在读书,用读书来逃避现实……解决这个问题的突破口便是工作框架。只要制定好工作框架,便可以毫无负担,安心地读书了。

夸张地说,这可以说是**"赋予读书时间应有的权利"**。或许会有人感到不理解,但至少对我来说这是思维上的转变。

从前,我认为在网络上获取信息比读书更重要。

在 2005~2010 年这段时间，我大部分时间都用来关注网络上的新闻，读书量也大幅减少。搜索引擎、电子杂志、信息整合软件、社交媒体等发布的大量的网络文章，只是浏览这些信息就花费了我所有的精力。

但是，网络上的信息大多较为短小。一篇报道的字数一般为 2000~6000 字，最长也不超过 8000 字，这种长度的文章所涉及的内容是有限的。由于很多内容都被简化了，所以文章内容十分肤浅。再加上每一篇文章都是碎片化的信息，无法让人系统地学习知识。除此之外，撰写网络文章所花费的时间也比写书要短，因此事例也较少，表达方式也更加随意。

我发现，书本中的内容更加精练，也能够帮助我们更加系统地掌握知识。并且，作家经过了深入挖掘，书中的内容也多具有普遍性，比起网络文章也更能够给我们带来一些对于未来的启发。

意识到这一点后，我便重新开始坚持读书。无论有多忙，我都会抽出时间读书。

将读书的优先顺序提前，便开始了良性循环：
①有意识地通过读书汲取知识。
②能够完成之前无法完成的工作。

③获得之前无法得到的机会。

④充满自信,能够积极与人接触,视野变得更加开阔。

⑤相比从前,工作完成得更出色,也能够通过读书收获更多知识。

像这样,一旦产生良性循环,或是有意识地促成良性循环,就会不断打开良好局面。这便是"主动读书"的最大效果。

保证读书时间的方法②
如何创造"读书时间"

在忙碌的工作中,应该如何创造读书时间?这是一个问题。

从结论来说,"集中时间读书"是最有效果的。

然而,许多人最大的烦恼就是没有完整的时间用来读书。

在这里,我想和大家分享一下我是如何创造时间读书的。

这个方法还能最大限度地利用时间,并且在一定程度上保证效率。请大家一定要多多尝试。

制订工作日和休息日的时间表

很多人可以把工作相关的时间规划得十分清晰。例如,什么时间应该做什么事、如何分配时间等,会仔细思考这些问题。

在这里,我建议大家在考虑工作日晚上和休息日时间的利用方法时,不妨也采取制订时间表的方式。或许有人会持反对意见,不想用这种方式规划休息时间。但是请先看完下面的内容。

如果不认真规划工作日的晚上或者是休息日的安排,时间很轻易地就流逝了。大家是否有过后悔自己没有做这件事,那件事也没有完成的经历(我经常这样后悔)?很多人都觉得夜晚和周末就应该好好休息,但这样不断地浪费时间,到头来一件想做的事情都没有完成。

如果是工作上的事,许多人一定会制订时间表,完全按照计划来推进工作。所以,我建议大家不妨利用时间表来规划工作日的晚上和休息日,这样就可以有效地利用这些时间。

也许有人会说:"不想在公司以外的地方也被时间表所控制。"我非常理解这种心情,如果将这种想法与"有意义地度过工作日晚上和休息日"放到天平上衡量的话,我觉得后者远比前者更重要。

掌握并确保最短的睡眠时间

如果要在现有生活习惯的基础上挤出读书时间的话，或许会有人准备减少自己的睡眠时间用来读书。但如果读书给正常的工作和生活带来了不好的影响，那就是本末倒置了。

最好的办法就是尝试在不同的时间就寝和起床，以了解自己最低程度的睡眠时间。建议大家在不影响睡眠的基础上，创造读书的时间。

首先，最重要的一点就是要保持工作日和休息日的起床时间不变。以我个人来说，我从多年以前就一直保持早上7点起床。实际上早上8点起床才是最好的，但是这样我会无法赶上早会，因此必须要在早上7点起床。虽然我会设定闹钟，但是最近总是能在7点钟自然醒来。

一直在同一时间起床，我们的身体也会自然而然地习惯这个作息，起床后也会感到神清气爽。更理想的是，在起床的15分钟前，自动打开窗帘，在阳光的沐浴中起床。（目前我赞助的创业公司正在研发这种设备，但至少我们早上起床后要打开窗户，沐浴阳光）。

平时，早上7点起床到我出门上班，有1个半小时左右的时间。在这段时间里，我会完成回复邮件、检查网络上的信息等事情，然后整装待发进入工作状态。

为了保持稳定的生活节奏，我在休息日也会坚持 7 点起床。

此外，晚上也要保持在同一时间就寝。

即便是在周五晚上，也不能因为第二天就是周末而熬夜。原因很简单，如果熬夜的话，周六就无法按时起床，这样一来，一天的时间就会缩短。晚上也会难以入睡，这样的恶性循环会持续到周日。因此，为了避免恶性循环，我认为休息日最好也维持与平时相同的作息时间。

维持工作日与休息日作息时间的稳定是很重要的。我的睡眠时间一般只有 5 个半小时，所以要尽可能地保证在凌晨 1 点半之前入睡。一旦养成了习惯，就能够立即入睡、立即起床。

对我来说，5 个半小时的睡眠时间其实稍有不足，但如果早上 7 点不起床的话，时间就不充裕了。而如果夜晚 1 点之前睡觉的话，就会有很多工作无法完成，所以我将睡眠时间规定为 5 个半小时。而睡 5 个小时的话，我一整天都会精神恍惚，十分困倦（有时还会出现心悸的状况）。

维持身体能够承受的状态，把握不会丧失斗志的最低程度

的睡眠时间，并尽量保持这种状态。倘若觉得再缩短一点睡眠时间也没有问题，那么可以将一部分的睡眠时间用来读书。反过来，如果现在的睡眠时间已经很紧张，就不要继续减少睡眠时间了。

或许有人认为如果休息日不能补充睡眠，体力就会跟不上。平时应该注意不要让自己长时间处于疲劳的状态，这样才不会陷入恶性循环。

比如，可以在休息日晚起 15 分钟或早睡 15~30 分钟。

入睡困难的人，可以尝试一些有效的助眠方式。只要在网络上搜索，就能够发现很多方法，比如泡澡助眠效果很好，水温保持在 40℃左右，等等。其实，晚睡 30 分钟也是一种方法。

充分利用其他时间

通勤时间

有很多人的通勤时间在 1 个半小时以上，在车上也很难找到座位，而且每天都要加班 2~3 个小时，整个人也非常疲劳。针对这样的上班族，我建议应该在通勤时间利用手机收集信息、读书、学习英语。回家后则可以做做体操，放松身体。这样就能更好地迎接第二天的工作。

最近，有些书籍会只出版电子书。

平时，我喜欢在房间里阅读纸质书籍，只有在地铁上才使用智能手机阅读电子书。在高峰期的地铁里，即便站着也能很轻松地用手机读书，因此我觉得手机也是十分重要的阅读工具。但是电子书无法像纸质图书那样画线标注，也不能粗略浏览全书内容，这一点会让人感到不方便。

午休时间

我并没有午睡1小时的习惯。这也涉及价值观的问题，因为我觉得比起睡午觉，快速完成当天的工作才是最重要的。为了保持工作的进度，在午休时间工作更加能够提高效率。

当然，在繁忙的工作中仍想挤出时间读书时间，可以快速吃完午餐，利用剩下的时间收集信息、读书。

有些人在午休时间总是选择一个人独处，可能会逐渐被同事疏远。也有些人为了和其他同事相处得更加融洽，只能牺牲午休的时间和同事聊天。在我看来，这些都无法成为"自主型的人生""自我支配的享乐型人生"。由于全球化、信息化、大数据化、放宽管制的进程加剧，很多日本企业也深陷险境。因此，必须要提高自身的战斗力。

即便再忙，也有改善的余地

为了应对每天的工作和生活而已经感到精疲力竭的人，可以尝试以下方法，调整日常的时间分配：

1. 改变现有的工作方式，最晚要在 21 点之前离开公司。

2. 回家之后尽量减少看体育新闻的时间。

3. 为了确保上车有座位，早上提早 30 分钟出门。

当然，也可以根据自己的需要自行调整。

如果每天都是 21 点以后下班，这说明你的工作方法，以及与上司的关系还有改进的余地。即便是在全球公认的工作最繁忙、最劳累的麦肯锡公司，员工也可以自行决定下班的时间。虽然无法决定自己的下班时间、只是漫无目的加班的人也不在少数，但我认为其实这和自身的工作方式有很大关系。

如果有人感到自己无法顺利实践上述方法，可以给我发邮件（akaba@b-t-partners.com），写明：①工作内容、经验、技能；②上司的态度；③职场环境等内容。我一定会及时回信，和大家一同考虑解决办法。

"主动读书""为提高自身能力而读书"，换言之，就是"为了个人与公司共同发展而读书"。要想实现这一目标，必须要相应地付出努力，改变自身想法。

保证读书时间的方法③
在时间表中添加读书时间

如果能大致估算出空闲的时间，就可以确定能够自由支配的时间。这样我们就可以利用这些时间来读书。

我平时应酬很多，但从22点到凌晨1点半的3个半小时中，至少有2个半小时是可以自由支配的。

我在休息日则有6~8个小时可以自由支配。为了锻炼身体，我在每个周日晚上都会打2个小时网球，这样还剩4~6个小时的空闲时间。在出版《零秒思考》之后，我还能出版十几本书也是因为这个缘故。即便如此，我完成的工作量也会超出其他人几倍。

工作日的晚上和周末是我的读书时间，这时我主要在家中的书桌前阅读。**通常，我会规划好时间再开始阅读，这样能够避免浪费时间。**由于我经常在家中工作，所以会尽量提前安排读书和工作的时间，然后按照时间表推进。读书时间大概有30分钟就足够了，即便再忙也能够保证这个时间。

顺便给大家介绍一下我工作日的时间表。（图2-2）

7点	起床。检查邮件，查看谷歌资讯的报道。吃早餐。
8点	开会。一天5~9次（休息日3~4次），电话会议，研讨会、演讲、讲习会等。
19点30分	聚餐（一周2~4次），演讲（一周1~2次）。
22点	回家。回复邮件和社交网站的信息，完成第二天需要的资料后，洗澡。读书，写博客，写书。
1点30分	就寝。

图2-2 工作日的时间表

〔7点　起床〕

洗脸，看电脑，检查邮件（200封左右），回复邮件（30~40封）。查看谷歌每天推送的新闻（关键词有100多个，现在仔细阅读的有20个左右）。在这个时间喝一杯咖啡，吃一根香蕉。

（8点30分　工作）

8点30分开始开会，一天大概有5~9次（休息日有3~4次），还有研讨会、演讲、讲习会等。

午饭时间尽量不安排应酬，需要沟通的应酬通常会安排在晚上，这样会更有效果。白天大家都很忙，所以我从多年以前便开始避免午餐时间的应酬。尽量在短时间内结束午餐。

可如果是到国内外出差的话，就要整天与当地的客户或赞助商开会。午餐也是与客户交换信息的重要时间，我通常利用这个时间拉近和对方的关系。

（19点30分　聚餐　演讲）

我一般会在19点30分左右参加聚餐（一周2~4次），或者是演讲（一周1~2次）。聚餐是比读书更重要的成长机会。如果见面对象有过写书或写博客的经历，就必须提前阅读对方的作品。这不仅是就书或博客中的内容向作家提问的好机会，也是最基本的礼仪。

如果对方没有写书或写博客，但有介绍此人及其相关领域的书籍或者文章的话，也要事先阅读。这样才能在会面中有更大的收获。

我尽量避免参加娱乐性的聚餐应酬。同事、同学以及兴趣爱好者的聚会活动则另当别论。一般情况下，我尽量参加目的明确的聚餐。可能有人会认为我很难相处，其实我只是基于"有更想做的事情"这种想法，做出判断。

（22点　回家）

到家后立刻打开电脑，回复邮件和社交网站的信息。完成第二天需要的资料后，洗澡、读书、写博客、写书。工作日的晚上都有3个半小时左右的空闲时间，这是"主动读书"的好机会。

（1点30分　就寝）

我很快就能入睡，睡眠质量也很高。但是为了写书、写博客，准备第二天的演讲资料，工作到2点的情况也越来越多。当然起床时间是固定不变的。睡眠时间虽然缩短了，但在新干线上或者其他交通工具上睡觉的时间却增多了。

因为我每周都能拿出几小时读书，所以一周能读1~2本书。作为在日常生活中进行的"主动读书"，这样的量已经足够了。

大家可能会觉得这样是高强度的生活。因为我要做的事情有很多，所以需要合理安排所有事情的先后顺序，这样工作起来才会高效而愉快。

总之，**千万不要把读书看成一种爱好或消磨时间的手段，而应将它视为一天中工作的一环**。将时间用在舒适且有价值的事情上，养成这种习惯十分重要。

还有，有的人坚决不在家工作。但在我看来，自己要做的工作很多，也很有意思，所以我经常在家工作。

虽然不是必须在家工作，但是我认为从刚开始工作时就这样做，工作才会越来越有趣。当然这也并不是说除工作外不可以有其他爱好。

另外，哪个时间段比较空闲，也因个人情况或家庭状况而有所不同。根据自己的情况来制订适合的时间表，并且严格执行，每天就会过得很愉快且收获颇丰，这样才能在很多地方形成良性循环。

保证读书时间的方法④
培养适合自己的读书习惯

每个人能够集中精力读书的时间段，会因家庭、工作、通勤时间、年龄等因素而有所不同。我们应该结合自身的生活习惯、兴趣爱好，决定读书的时间和地点，以及读书的方法，找到适合自己的读书方式。

如果是有孩子的家庭，孩子入睡后和起床前的时间段是一天中最有效率的。而没有孩子的人，可能回家后会立刻洗澡，再去读书。还可能回家后先读书，简单收拾后再洗澡、睡觉。每个人的做法都各不相同。

在这里，给大家介绍一位职业母亲的范例。（图2-3）她想利用晚上的时间读书，但是经过一天的工作后感到非常疲劳，很难集中精力读书。因此,她晚上会和孩子一起睡下,清晨5点,自然醒来,这样就获得了读书的时间。只要重新审视方法,就能够找到之前没有注意到的时间段。

5点起床	做伸展运动、读书、工作
6点	洗漱、准备早餐
7点	叫醒孩子
8点	送孩子上学、自己上班
9~18点	在公司
19点	去补习班接孩子放学
19点30分	回家、准备晚饭、给孩子洗澡
20点	吃晚饭、打扫卫生
21点	准备孩子第二天上学所需物品、陪孩子写作业、自己洗澡
21点30分	和孩子一起睡觉

图 2-3 一位职业母亲的时间表

总之,在确保一定的读书时间时,不要勉强自己。

从我的经验来看,尽早找到适合的读书方式,不仅会提高读书效率,也会提升工作效率。这样一来,生活的幸福指数才会不断地提升。

如果把读书当成一种习惯，将阅读量控制得恰到好处，就不会因读书耽误做其他事。提高自身能力的"主动型读书"也慢慢成为一种常态。

以往，有人会说"读书就是在时间充裕、心情愉快的环境中进行的"。还有人认为"读书是一种享受"，"为了个人的成长应该饱览群书"。或许这些想法很普遍，但我在这本书中想告诉大家的是，关于读书还有很多不同的想法和方法。

思考最适合自己的读书方式，并坚持这种方式，我们才能真正自由地支配时间。换句话说，只要读书目的明确、方法得当、张弛有度，我们就可以像度假一样悠闲、轻松地读书了。

保证读书时间的方法⑤
只在有需要时读书

既然我们已经能够保证读书时间，那么应该读多少本书才算合适呢？

我认为30岁之前应该读300本，之后每年读50本书就可以了。关于这一点，后面我会给大家具体介绍。

还没有达到这个数量的读者，在完成这个阅读量之前，应该多利用一些时间来读书。坚持每月读10本以上，到目前为止阅读量已经达到1000本以上的人，如果再多花一些时间读书的话，付出和得到的效果也会达到临界点。

收集信息的方式不只限于读书，还有与人会面、亲自到现场实践，这样才能扩充书本中获得的知识，将其转化为自身能力。

如果有可以阅读更多书籍的人，或是每年的阅读量已经在

50本以上的人，可以思考以下问题：

①适当减少读书时间，是否能够做一些更重要的工作？

②是否有其他方法收集信息？（网络，展示会，学习会，与人会面）

③是否能参与一些丰富情感的活动？

④是否能让自己的私人时间变得更加充实？

我想告诉大家的是："读书过量会适得其反。"

不知何时起，我们被"读书是一件好事"这个既定概念所束缚了。

玩游戏、看漫画时总会遭到父母训斥，而读书就不会。相信有许多人都经历过这样的童年时代。

因为这个概念，人们就会认为：只要读书，就是在做对自己有好处的事。

我认识的一位麦肯锡公司的咨询师也一直在坚持读书。但他只读必要的内容，然后到"现场"实践，不断提升自身的行动力和判断力。以在书中读到的知识为基础，与人交流，获得更高深的见解。

不要单纯将读书视为目的，而应该把它视为成长的契机，这样才能提升自身的能力。接下来，如何运用书中学到的知识改变自身的行动才是最重要的。

或许这样说会有些极端，如果把读书视为一种教养和娱乐手段的话，夏目漱石的书读2~3本，福尔摩斯也读2~3本就足够了。按照这种程度阅读的话，要读的书也会有几百本。这也是我一直想对年轻时一直沉迷于读书的自己说的话。

"读书是一件好事"这一价值观依然对个人和社会有很大影响。无论是印刷术出现后、只存在实体书的过去的几百年间，还是除书以外存在数量庞大的网络报道、视频的现在，我们都应该从根本上重新审视对于书的态度。其实，也有大量与这个主题相关的展示会。

要想与读书建立良好关系，就要尽量避免采取被动阅读这种方式。

必须将"只要读书就好"这种意识，转变为对工作和人生都有益的"战略性主动读书"。

保证读书时间的方法⑥
用社交网络召集读书伙伴

许多人想养成坚持读书的习惯，却很难保持这个习惯。每天的工作十分忙碌，大部分时间都被当前的工作占据了。为了保证阅读量，我们需要找到有效的阅读方式。

我建议大家找几个志同道合的伙伴，约定好时间一起读书。

越是忙碌且工作能力出色的人，身边往往就越是会有很多可以互相帮助的伙伴。不仅如此，他们与上学时的同学及前公司同事的关系也非常融洽。

和朋友或者在 Facebook、LINE 上召集伙伴共同组成读书小组，一起阅读与工作相关的书籍，或是经济、社会、哲学、历史、科学类相关图书和小说。很多人虽然工作繁忙，但还是想通过读书来提升自我、开阔视野。这样的人可以创建一个在有限的时间内读书，相互讨论新发现和感想的平台。并且，在规定时间内比赛谁先读完一本书，这样就能有效地按既定计划实施。这便是我们创建读书小组的目的所在。

这和"读书会""读书社团"可能不太相同。读书小组的重点并不是有时间的人聚在一起读书，而是让工作繁忙的人挤出时间读书，为工作积累智慧，获得进一步的提升。如果能互相分享从繁忙的工作中抽空读书的心得和经验，或许会发现更好的读书方式。

偶尔也可以在现实生活中见面，但主要以网络交流为主。对繁忙的人来说，通过网络能够随时和别人联络，寻找一起读书的伙伴更加方便。

在这里，我介绍一下使用 Facebook 创建读书小组的流程。

1. 创建 Facebook 群

世界上已有超过 14 亿人加入 Facebook 群。Facebook 社区具备出色的宣传功能和讨论功能，使用起来也十分方便，日本也有几千万人在使用 Facebook 群。另外，我采取与本书同步的形式创建了一个名为"行动读书"的 Facebook 群。大家可以搜索并申请入群。我会立刻批准大家进群，不收任何费用。

2. 写明想读的书和理由，以及开始和结束阅读的时间，召集伙伴

任何书都可以，不一定是新上市的书。例如，我现在想重读彼得·德鲁克的《非营利组织的管理》。

大家一起来读彼得·德鲁克的《非营利组织的管理》这本书吧。虽然我在很久之前就读过这本书，但还想重新阅读并和大家交流感想。

虽然这是一本面向非营利组织的书，但实际上它对所有组织的领导、管理层都有帮助，也抓住了组织的本质。在我读过的书中，这本书是同类书中最出色的一本。

从 6 月 18 日开始阅读，两周之后的 7 月 2 日左右欢迎大家来分享读后感。请参与活动的朋友在申请页面中做一下简单的自我介绍，并注明参与目的。如果可以的话，还请大家一定要分享"读书档案"（关于读书档案会在第四章中详细介绍）。

我将这样的内容发布在群里。在 Facebook，每个人发表文章的数量并不会受到限制。发表在 Facebook 的文章一般字数较

少，很快就能写完。

在Facebook群发帖时注明参与讨论的话题，发表读后感。话题讨论内容也仅限于这本书，所以使用起来非常方便。如果有人发帖的话，相关的用户都会收到通知。并且，不会收到自己不感兴趣的书的推送信息，所以不必担心信息泛滥。

任何人都可以发起读书活动。

在发起读书活动的文章中，可以简单介绍这本书的特点，以及想和大家一起阅读的理由。如果提议很有说服力，就能够召集到几十名参加者。如果文章缺乏说服力，就没有人会想要参加。并且，如果文章的内容和读书方式都颇具吸引力，就会有更多人想要参加读书活动。文章很无聊的话，也不会有人想要参加。

也就是说，市场原理在这里也同样适用，提出建议的人会得到反馈。在Facebook群中发表的文章的认同者越多，这篇文章的转发量就越多，评论和点赞的量也会增多。如果没有点赞的人，就意味着文章没有受到任何人的关注。为了让更多人都参加活动，就必须要努力完善文章的内容，这样也能够锻炼自身的能力。这在运营社区上也是一个十分好的构造。

另外有人担心，建立开放式网站可能会出现发表恶意言论的帖子。

比如对于有关仇恨言论、极端性宗教、协助自杀、煽动恐怖主义等内容的书籍，Facebook 群的管理员可以设定群规定，禁止发布这类内容（如果我是管理员，一定会禁止这类内容）。当然，可以将这类言论及发布人一同从群中剔除。Facebook 群的好处之一就是群创建者和管理者具有管理群成员的权力。并且，Facebook 自身也有一定的规章制度。

3. 发起人在最后一天发表感想，同时鼓励其他参与者积极发言

不同观点、立场的人，在同一时期读同一本书，然后互相交流感想，一定会非常有趣。如果大家写了阅读心得，也请一同提交。

运营 Facebook 群大概就是上述的状态。在忙碌的日常工作中，同时推进多个这样的读书项目，大家一起阅读同一本书也是一种鼓励。除此之外，读书活动还有以下 6 个优点。

①会形成每读完一本书后就发表读后感的习惯。这样能够牢记书中的内容。

②可以了解到他人关于自己感兴趣的书的想法。

③可以即时提问和讨论。

④文章中有明确的推荐理由,需要读的书也不断增加,可以让我们遇见很多未知的书籍。

⑤问题意识不断提升,自己也会想要发起读书活动,同时对信息的感知度也不断增强。

⑥形成良性循环。

在"行动读书"群会实时更新这本书的阅读情况,请大家一定要在 Facebook 上查找这个群,参加这个活动。

第三章

短时间内牢记书中内容的"集中读书法"

学以致用的读书法①
将书中内容转化为数据库

在本章中，我想给大家介绍我在读书过程中有意识在做的事。

对我而言，书籍不仅对我的工作有很大帮助，还能提升自身能力。因此，有必要在需要的时候重新阅读，并尽可能记住重要的内容。

然而，我们没有时间将这些内容逐一抄写在笔记本上。为此，我们可以直接在书中记录要点。

接下来我就给大家介绍具体的方法。

在书的扉页上注明"日期和评价"

购买书籍后要做的第一件事就是在扉页处写明购买日期。然后,记录第一次阅读这本书的时间和感想。

我最近阅读了一本十分有意思的书,我以这本书为例,向大家说明评价方法。这本书就是《连接亚洲的英语》(图3-1)。

我曾读过《一书在手,英语自通》,感到深受启发。我出版了自己的书之后,又重新阅读了这本书,深感这是一本值得阅读的好书。

图 3-1 《连接亚洲的英语》

我从中学时代就一直使用以下的标准评价阅读过的书籍。

◎°：非常出色。想推荐给所有人。

◎：非常好。

○：好。虽然不差，但是也不是很好。

△：说不清。如果没买就好了。

×：很差。很糟糕。

只要看到书籍上自己做过的标记，就能立刻想起书中的内容。另外，通过不断地阅读并做出评价，就会逐渐明确应该买和不应该买的书。

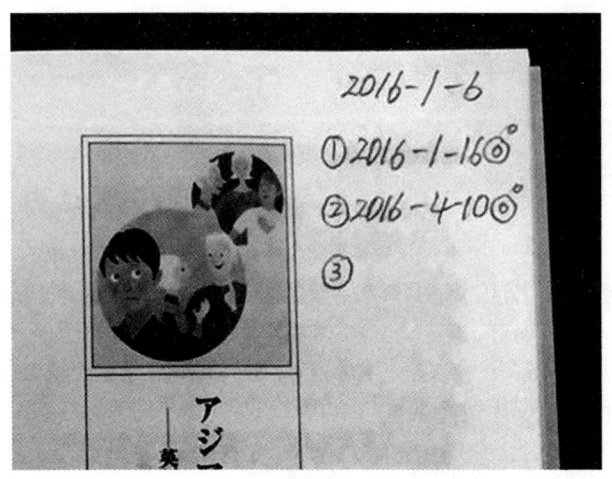

图 3-2　标注阅读日期和评价

在买书时，要时刻牢记买"◎"级别的书。但是在遇到"○""△"这种水平的书时，难免会心生失望。要是买到了"×"级别的书，甚至会想要放火烧书。

另一方面，要是遇到"◎°"级的好书，会感到非常高兴，甚至想要高呼："就是它！我想读的就是它！"

从我自身的读书经历看，我很清楚适合读的书和不适合读的书，也有喜欢读的书和不喜欢读的书。而那些超越个人的兴趣和喜好，让我们想要推荐给别人"必须读""应该读"的好书，才是"◎°"级的书。因此，形成了上述五种评级标准。

做标记的方法

我在读书的过程中，一定会在重要的内容下面画线。

我认为书中的重要内容有以下几种：
①言之有理的内容。
②表达出色的内容。

③体现作家洞察力与智慧的内容。

这是我从学生时代开始养成的习惯，几十年如一日，从未改变。

①让人感到"言之有理"的内容一定是触动我们内心的部分。我经常在阅读时刻意寻找这样的内容（甚至可以说这才是我坚持读书的理由）。每当我读到它们，心中都会感到无比喜悦。

比如阅读小说时，我会仔细揣摩书中人物的心理变化，了解到人会有这样的情绪，从而为作家对人物心理刻画得如此细致入微而感叹不已，在这种时候我一定会做标注。

我也一直很重视在生活方式、努力方式、对人态度和沟通方式等方面上有教育意义的内容。做标记时，也会想要重视这部分内容。

②对于一些出色的表达方式也需要画线标注。内容固然重要，但表达方式也必须十分出色，才能非常准确地阐叙内容。遇到"这样写容易理解且可读性高""今后在写文件、博客、书时，我也要尝试使用这种表达方式"这样的内容，必须画线做标记。因为我大部分的工作是写作，所以这样的内容对于我提

高表达能力非常有帮助。

③"体现洞察力与智慧的内容"虽不及①、②那样令人感动和佩服，但也是一些会让人觉得很有见地的内容。

做标记时一定要用黄色荧光笔。使用荧光笔，即便在地铁和飞机等经常晃动的交通工具中，也能顺畅地做标记。

使用黄色荧光笔的另一个理由是黄色可以保护视力，在复印时也不会变为黑色。相反，如果使用红色或蓝色的荧光笔，在复印时可能会加深标记的颜色，导致无法看清楚内容。在整理笔记时需要复印书的情况比较多，因此我一直都用黄色荧光笔做标记。

我曾经也用红色铅笔做过标记，可是一旦出现晃动的情况，就无法顺利地做标记，没多久，我就彻底改用黄色荧光笔了。

我在公文包、办公室还有家中准备了很多支黄色荧光笔。**有时手边没有荧光笔，我甚至会停止读书。**因为看到重要的内容却无法标记，我会感觉十分浪费。当然我曾经也坚持读下去，过后再找想要做标记的地方，但是找起来却十分困难。

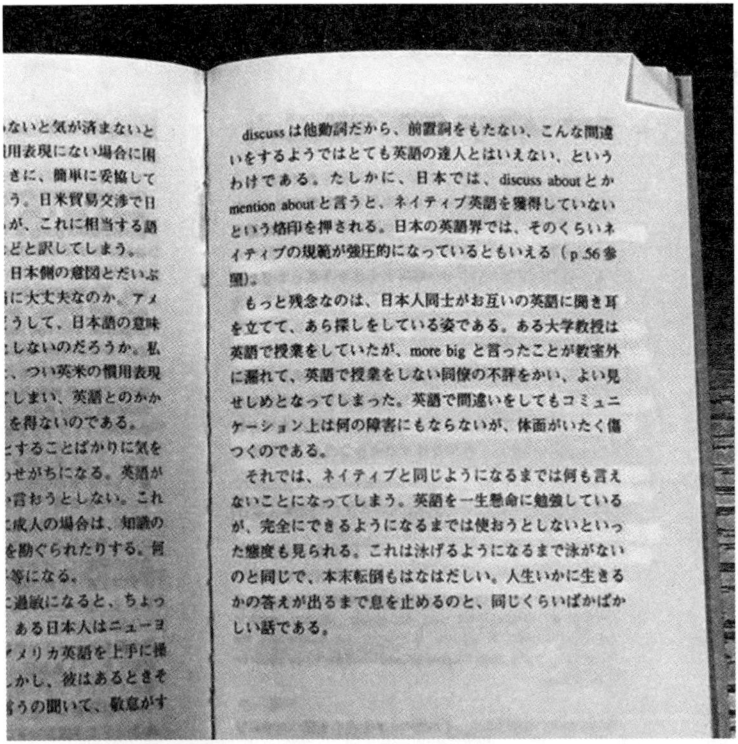

discuss は他動詞だから、前置詞をもたない。こんな間違いをするようではとても英語の達人とはいえない、というわけである。たしかに、日本では、discuss about とか mention about と言うと、ネイティブ英語を獲得していないという烙印を押される。日本の英語界では、そのくらいネイティブの規範が強圧的になっているともいえる（p.56 参照）。

もっと残念なのは、日本人同士がお互いの英語に聞き耳を立てて、あら探しをしている姿である。ある大学教授は英語で授業をしていたが、more big と言ったことが教室外に漏れて、英語で授業をしない同僚の不評をかい、よい見せしめとなってしまった。英語で間違いをしてもコミュニケーション上は何の障害にもならないが、体面がいたく傷つくのである。

それでは、ネイティブと同じようになるまでは何も言えないことになってしまう。英語を一生懸命に勉強しているが、完全にできるようになるまでは使おうとしないといった態度も見られる。これは泳げるようになるまで泳がないのと同じで、本末転倒もはなはだしい。人生いかに生きるかの答えが出るまで息を止めるのと、同じくらいばかばかしい話である。

图 3–3　用荧光笔做标注

为此，我专门买了 10 支荧光笔分别放在家里和办公室里。我去国外出差时经常会在飞机上读书，但由于飞机上比较干燥，荧光笔不像平时那样耐用，所以我会多带几支备用。

另外，还要将做了标记的页的右上方折起（图 3–4），折起部分约为 8mm × 8mm，主要是为了日后能快速找到做了标记的页。习惯后就可以快速折出差不多的尺寸。

无论用黄色荧光笔标记过的页面是在左侧还是在右侧，都要统一折起右侧页面的右上部。这样一来，在重新阅读这本书时就能够迅速地找到标记页。

一本好书的折角页通常会占书籍总页数的三分之一左右。这说明这本书的作家几乎在每一页中都写下了让人觉得十分精彩的内容，这也会让我们的心中充满了感激之情。

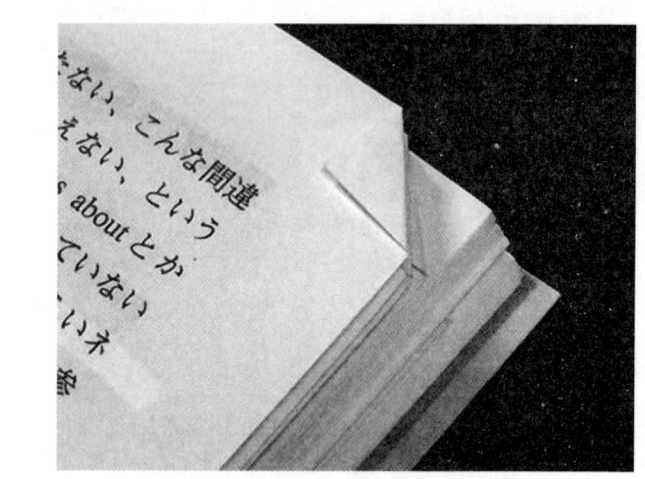

图 3-4　方便再次查找的折角

即便是让人感觉内容差点意思的书，也总会有 2～3 页的标记。当然我们尽量不要购买这类书籍。

最近，二手书在亚马逊上也有一定的市场。所以我在阅读让我觉得失望的书时，经常会犹豫要不要折角和标记。这是因为考虑到"为了以后能在网上卖掉，还是尽量不要画线"。

然而，这种做法还是有些本末倒置，我依然倾向于买书时精挑细选，阅读时画线标记和折角。

学以致用的读书法②
读完立即整理笔记

我觉得边读边记笔记的方法过于耗费时间，并不适合平时工作十分繁忙的读者。相比之下，刚读完一本书后即刻用几页纸整理要点的方法就非常实用。

说是整理要点，实则是把读书后的感想都付诸笔端。如果可以的话，要尽量采用《零秒思考》一书中所介绍的用 A4 纸归纳要点的方法，将不同的主题分别写在不同的纸上。

下面我简单地给没有读过这本书的读者介绍一下方法。首先，将 A4 纸横放，左上角写主题，右上角写日期，每页写 4～6 行，每行写 20～30 个字。在一分钟内将想到的事情全都写在纸上，每天写 20~30 页纸。

可以写一本书的读后感、感到震惊的事，也可以写读完一本书后设立的目标，等等。

根据内容不同，有的书可能需要写 2~3 页笔记，有的书则需要写 7~8 页。这种记笔记的方法不会导致阅读速度变慢，只要在阅读过后用 2~3 分钟或者 7~8 分钟做笔记，就能大致整理脑中的思路。

作为参考，我会在下页中展示两页笔记，这是我在阅读《连接亚洲的英语》这本书后立刻整理的内容。

第一页是因为我在这本书中读到，英语并不是一种有严格规范的语言。这一点给我留下很深的印象。

第二页是因为我深感日本人之间总是在不断寻找对方的英语中的瑕疵，以及过分在意自己说的英语是否地道，所以我以此为主题做笔记。

这两页笔记只是一个例子，只要在阅读书籍后深有感触，便可以针对想到的主题尽情写笔记。

不同的国家使用不同的英语　　　　　　　　2016-2-20

—新加坡人会十分自豪地使用新加坡式英语。
—并不是因为不擅长讲英语,而是为了使用起来更加方便,所以才不断改变英语的语法和语句,并使之变得规范化。
—日本人也可以发明一种便于发音的日式英语,并正常使用。
—如果有很多外国人来日本的话,用日式英语和他们交流就可以了。

图 3-5　读后立刻整理的要点　例 1(第一页)

日本人过于在意自己的英语是否地道　　　　2016-2-20

—日本人之间喜欢寻找对方说的英语中的瑕疵。
—其他国家的人并不是很在意这件事。
—达不到母语的水平就无法开口说英语。
—不打破这种心理障碍,日本人就永远无法适应全球化这个趋势。

图 3-6　读后立刻整理的要点　例 2(第二页)

接下来,我想说一说归纳要点时需要注意的几个方面。

1. 将想法直接写在纸上,不需要思考内容和措辞

这是《零秒思考》中在介绍用 A4 纸做笔记时反复提到的事项。令人惊讶的是,即便不刻意思考措辞,也不在意每一行文字的顺序,在大多数情况下,写出的笔记也都是适当的内容,

适当的顺序。

没有必要担心笔记中的内容是否合适。总是在意其他人的评价，想要写出惊天动地般的内容的话，就很难进行下去了。而自身的表达能力也会失去用武之地。

2. 归纳要点时不断翻书寻找内容会浪费时间，应该直接整理

这样才能快速整理脑中思绪，并用语言将其表达出来。因为整理笔记时必须要用自己的语言来表达读过后有深刻印象的内容。

阅读时专注理解书中的内容，就不会错过重要的部分。

3. 即使一分钟内无法写完要点，也要控制在一分半内

经常在规定好的时间内快速地写文章，慢慢就会适应这种写作速度。一般来说，即便是不设置时间限制，2~3分钟内写出的文章和1分钟写出的文章，在内容上并无太大差别。

我认为这是"人类在困境中更能够发挥自身能力"的典型事例。

4. 按照脑中浮现想法的顺序写下笔记的主题

当我们想要刻意按照顺序写文章时，大脑就有可能会停止思考，不知道该如何下笔。如果只是将想到的事立刻写下来，大脑反而会变得更加活跃。

在做说明时，需要掌握事物的整体结构和体系，否则就无法阐述清楚。但是将脑中浮现的主题整理成笔记时，不需要强行调整脑中浮现的想法的顺序。

只要想着是在整理笔记，不断写出脑中浮现的想法即可，不要给自己施加多余的压力。

5. 写完几页后，将笔记摆放在桌上

审视笔记时，可能会生出"原来我是这样想的""嗯，这样的话就……"这样的新想法。这短暂的几秒钟也是十分重要的时间，能够在脑中清晰地梳理书中的内容。

6. 将写好的笔记放入文件夹中

我一般会事先准备好一个名为"读书相关"的文件夹，将写好的笔记放在里面。3个月后会拿出来快速浏览一遍，6个月后会再次确认。

3个月后重新审视时，会因为自己读过这么多书，有如此多

的想法而感到非常有成就。在重新审视笔记时也会有新的发现，还能够确认自己是否做到了当时决定要做的事。

6个月后再次阅读笔记时，就能够在脑中反复思考书中的知识，以及想要付诸实践的部分，问题意识也会变得更加深刻。

学以致用的读书法③
专注阅读一本书

下面我想介绍一些自己在阅读中遵守的"铁则"。

在麦肯锡工作的期间,我会专注地阅读必要的书籍,掌握书中的知识,并不断重复这个过程。每当开展新的项目,我就会在两天内看完所有相关书籍,并且牢记书中内容。

我在这个过程中认识到,针对必须要读的书,应该集中精力只读这一本书,也就是"专注阅读"。

或许抽出大量时间阅读十分困难,但其实在短时间内也可以做到专注阅读一本书,收获的知识也会大有不同。

首先,应该集中精力只阅读一本书。

我曾经习惯于同时阅读5~10本书，但这种方法存在两点缺陷。

第一点，很难读完一本书，并且很容易忘记之前读过的内容。在开始阅读一本书之前一定会有想法和目的，但时间一长也就变得模糊不清了。

第二点，这种阅读方式还会导致一个问题，那就是一本书还没有阅读多少内容就开始阅读第二本，感到厌烦后又开始阅读第三本。即使眼前有必须要做的事也无法立即着手去做，一直都在断断续续地读书。因为潜意识中会认为"读书是一件好事"，所以会一直持续这种行为。

然而，对于繁忙的我们来说，无论是工作还是读书，甚至私生活和娱乐也都是十分重要的事。因此在读书的时候，要尽量避免没有明确目的、只是浪费时间的阅读方式。

之所以这样说，是因为这种阅读方式会破坏整体的平衡，容易引发恶性循环。长时间读不完一本书对于个人来说其实也是一种压力。严重的话，会导致读书的时间越来越长，却无法达到原本的目的，也无法提升个人能力，对于工作的贡献也会变得越来越少，甚至会牺牲自己的私人时间，精神压力也随之变大，最后将读书看作一种逃避的手段。

为了避免这种情况，就要改变阅读方式，要做到开始阅读一本书后就要一口气读完。这只是阅读方法的问题，并不需要特殊的技能，只要改变观念就能做到。

我在麦肯锡工作期间，阅读与工作相关的书籍时，就会坚持彻底读完一本书后再开始阅读下一本。我发现这样做才能够深刻领会每一本书的精髓。

尝试这种方法后就会发现，同时阅读几本书这种方式只是在浪费时间。

学以致用的读书法④
要尽量购买书籍阅读

我认为最好还是应该买书阅读。

这样做最大的好处就是可以在重点的地方画线、做批注。如果要在有限的时间内读完一本书，就应该最大限度地充分利用这些时间。

也许有人会觉得："买书还要花钱，有需要时可以在图书馆借，尽量不买书。"但是，如果平时会去餐厅吃饭，和朋友小酌一杯，或者逛街买东西的话，每个月也应该能够买几本书。

如果是文库·新书①这类书，每本大约是500～800日元；商务类书籍每本大约为1300～1400日元，如果每本平均在1000日元（约为人民币58元）左右的话，1个月买4本书也只需要花费4000日元。我认为只要少去一次餐厅，就能够节省出这些费用。如果实在没有这样的经济能力，那也只能选择去图书馆借书⋯⋯

想要在图书馆借阅畅销书，一般都要等几个月甚至半年以上。但往往都是在有必要的时候读书，才会真正地做到用心阅读。因此，若想在百忙之中仍然从书本中学到知识，就应该尽量买书阅读。当然，每个人的价值观也不尽相同，但我个人觉得买书所获取的回报也是十分可观的。

如果感觉自己的读书量太少，想掌握一些基础知识，就应该有效利用图书馆。

借阅畅销书确实需要等待很长时间，但这样的书未必是好书。反而是那些经典读物不用等很长时间就能够借到。读书量较少的人想要快速赶上进度的话，图书馆是很合适的选择。

---

① 这里的新书，是指日本的一个特定书种，并非中文字面意义上的"新书"。——编者注

学以致用的读书法⑤
买书后即刻开始阅读

每次去书店总要买上2～3本书,这样的人恐怕不在少数。我也经常无法抵挡诱惑。为此,有一段时间我还强迫自己不去书店。

有时是朋友推荐,有时是看到了他人博客中的书评,而决定要买某本书。对于喜欢阅读的人来说,想要买的书总是在不断增多。我也经常会一不小心就囤积很多书,却总是抽不出时间阅读。

但问题在于,即便是想读才会购买的书,放置几个月后也会失去阅读这本书的兴致。如果错失阅读时机,就会产生"现在不读也无所谓吧""这本书回头再看吧"这样的想法，很难再次开始阅读。随着后续购买的书不断增多，自己的阅读需求也会不断改变，对之前那本书的兴趣也会消失得无影无踪。

无论出于什么样的想法，这都是一种恶性循环，也是一种浪费。这其中或许也有买到手就安心的心理。可原本是抱着"在工作上有所帮助"或"学习一下"的想法去买书，却迟迟不开始阅读，当然也无法提升自身的技能。所谓好了伤疤忘了痛，这样也会渐渐失去阅读重要书籍的热情，因此一定要避免这样的情况发生。

那么，究竟怎样做才能避免陷入这样的局面呢？

我认为唯一的办法是打破与书相关的恶性循环。因此，我每买一本书都会尽量在当天就开始阅读。反过来说，**"如果感觉无法在当天阅读这本书，那么最好不要买"**。或者原本有固定的阅读时间，在这个时间段一定会阅读这本书，在有规划的前提下才去购买书籍。总之，"买书了就一定要阅读，无法阅读的话最好不要买"！

买书就像在超市关门之前买生鱼片一样，一定要在当天吃完，否则生鱼片就容易变质。当然，一本书并不会在第二天立刻变质，但新鲜感却会大打折扣。另外，如果每天不能及时处理购买的书籍，来不及阅读的书就会越积越多。这和待处理的邮件，以及书店不断出现的新书是一样的情况。

怎样处理囤积的书？

如何处理堆积的书就是接下来的课题了。我自己也经常会遇到这个问题，所以给大家介绍一下我的解决方法。

借来的书处理起来十分轻松，只要还回去就可以了。**如果只是抱着"好不容易才借到的""从好久以前就想读这本书了"这种想法，那么书只会越堆越多。**

其实，大费周折借到一本书却不阅读，本就说明这本书并非十分重要且急需阅读的书。其实，行动比言语和想法更能说明问题，这也就意味着，这样做只是一种"没有意义的借阅"和"浪费"。这与买了一件衣服却从来不穿一样，是毫无意义的购物。应该避免这样的事情发生。

我们可以将购买的书分为两类。一类是那些经过重新审视、思考后，依然觉得是有必要阅读的书。应该下定决心立刻阅读，并且要在几天内彻底读完。说不定从周五晚上开始阅读，到休息日就能全部读完了。如果迟迟没有开始阅读某一本书，也就意味着这本书对于你来说并非十分重要。应该抱着"简单浏览一遍就好"这样的心态快速读完，而不是"一定要仔细从头读到尾"。

还有一类就是"感觉没有必要读"的书。一直没有开始阅读这类书，也就证明其重要程度也相对较低。虽然是想读才买的书，但放置一段时间后那些书已经失去了阅读的价值，或者不合自己的心意了。想要处理这类书的话，可以将它们作为二手书出售。虽然可能会觉得有些于心不忍，但为了清理"存货"也只能这样做。

总之，只有做到购买后立刻开始阅读，才能从根本上杜绝囤书不读的情况发生。

学以致用的读书法⑥
不在阅读时做笔记

或许很多人喜欢一边读书一边做笔记。我曾经也使用笔记本或 B6 大小的读书卡片做笔记。

但使用笔记本的话，在阅读时总是会思考应该记什么内容，这样要花很长的时间才能读完一本书，我坚持了几年后便作罢了。我也从来没有翻看过当时做的几十册笔记，以及数百张读书卡，现在已经找不到这些笔记和卡片了。

或许笔记和读书卡片也有相应的用途，但是在集中精力读书时停下来记几十个字，然后再开始阅读，这样的方式太过于浪费时间。而且集中注意力、中止、集中注意力、中止这样的阅读模式也容易让人感到疲惫。

记笔记的确能加深记忆，但也会让阅读速度大幅下降。读一本书，需要花费4~5个小时整理笔记或读书卡片，这样的方式在当今这个快节奏的时代多少有些不适宜。

另外，比起读书并理解书中内容，我们会更加在意如何才能将笔记做得整洁、清晰。从我自身的经验来讲，也不太推荐大家采取读书时做笔记的方式。

我们可以使用黄色的荧光笔来代替做笔记，读到重要的地方就画线。这种方法不仅可以牢记书中内容，还可以节省时间。当然，从图书馆或朋友那里借来的书是不能随便画线的，复印也需要花费大量的时间，在这种情况下，最低限度地记笔记也实属无奈之举。

学以致用的读书法⑦
即使有不理解的地方，也不要重读

阅读一本书需要花多长时间？

我认为如果读新书，大概需要 1 个小时，而如果是字数多、内容比较详实的商务类书籍，应该尽量在 2 小时内读完。

阅读关键在于不重读。就是说，即便有不理解的地方，也不要翻回去重读。比起重读，把握全书的主旨更为重要。

或许有的人读书速度并不快，那么进行"提升阅读速度训练"可能会有所帮助。

我从学生时代就抱着"应该尽量快速地读完一本书"这样的想法,并且也阅读过速读方面的书籍,却没能掌握速读的方法。

后来,我却通过非常普通的方法掌握了这种技能。

具体说来,就是以一个小时内要读完几万字为目标,逐渐提升阅读速度。不论是何种开本的书,都要数清楚一页有多少行、一行有多少字,测定并不断提升自己的阅读速度。每一页都要从头到尾一行不落地阅读。从大学时代到工作第五年,我一直坚持使用这种方法。

这样的话,在打开一本书时,一眼就能看出每页有16行或更多,每行的字数是多少,是哪个出版社的风格。

只不过这种速读方法很难立刻看到成效,想要做到这一点还是需要付出一番努力的。如果阅读时间有限,也会有人不想花费精力去测试自己的阅读速度。

对于这样的人来说,即便只做到"不重读"这一点,也会获得明显的效果。

如今，我在阅读普通商务类书籍和新书时只需要花 1 个小时左右。而阅读那些字数较多、内容详实的商务类书籍也只需要用 2 个小时左右。想要达到这样的程度，关键就在于不重读。如果总是想着"前面的内容是怎样的"又翻回去重读的话，有再多的时间也会感到不够用。

为了切实做到这一点，在开始阅读前就要下定决心："绝对不重读。"**也就是说，要有在第一次阅读时就理解书中所有内容的态度。**这样不仅能够让注意力更集中，还能够提升阅读的准确度。

如果有重读的习惯，还是尽量改掉比较好。一本书在出版前会经过出版社编辑的不断修改，所以一般人在阅读时也不会感到很难理解。如果经常重读，恐怕是个人阅读习惯的问题。

当然，也有些书的内容本身就很深奥，或者译文过于生硬。我在一开始就会尽量避免选择这类书籍。

虽说我目前的阅读速度算不上速读，但也已经可以满足实际需要。至少我在麦肯锡工作时期用这种速度足以应对阅读需要。

只是打发时间的话，一两个小时转瞬即逝，这么想来，通过阅读能在短时间内汲取到众多杰出人士的智慧，也是一件幸事。

如果按每周读 1 本、每个月读 4 本书来计算，每个月的读书时间不到 10 个小时。即便再忙，也能够确保足够的阅读时间。

学以致用的读书法⑧
读书时尽量关闭网络和手机

读书时最重要的就是要集中精力。边做其他事情边阅读的方式，无论是在内容的理解上还是提升阅读速度上，都不是最有效率的，因此要尽量避免。

这不是个人爱好和习惯的问题，而是人类的大脑无法有效地同时处理多个信息的缘故。

因此，读书时还是应该尽量关闭网络和手机。

我在读书时会尽量断网。

工作时，我整天都要使用笔记本电脑，并且经常需要上网。外出或出差时，会连接无线网络；回到办公室和家里时，就会连接有线宽带。但读书时，我会拔掉网线，专心致志地阅读。

但是，为了不漏掉紧急邮件，我依然会每隔30分钟连接网络，检查邮箱。在等待重要邮件的时候，我会将时间缩短到15分钟左右，但依然会反复关闭和开启网络。

我觉得对于那些用智能手机检查邮件的人来说，这种方法也是可行的。

实际上，这个方法是在这一年来我无法集中精力写书时开始实施的，效果非常好，希望大家一定要尝试。不只是读书，如果有写邮件等需要短时间内集中精力完成的工作时，也可以尝试切断网络。

在当今社会，一直保持连接网络的状态已经变为常态，所以为了集中精力，就有必要做出一些努力。在深夜和清晨这种几乎不会收到邮件的时段内，联网与不联网时的专注程度确实有很大差别。

可以将手机设置静音

一般有紧急的事情才会选择打电话这种方式，所以不应该长时间关机。在职场或职位允许的范围内，可以将手机的提示音关闭 15 分钟或 30 分钟。

试想一下，通常在会议中既不能接电话也不能回短信，**却很少因为这 1 小时联系不上而耽误大事**。为了集中精力而切断网络和电话是不仅限于读书的重要的事。

稍微有些夸张地说，一旦切断手机与网络，就能够获得在绿意盎然的公园中散步一般放松的心情。

另外，或许有人觉得听音乐时更能够集中注意力。我在升学考试时从来没有尝试过这种方法，也不建议大家使用这种方法。也许有人会说不听音乐就打不起精神，或者想要借听音乐来屏蔽周围的噪音，但是大脑无法同时处理多个信息。或许这是习惯上的问题，但我认为在这件事上还是要慎重对待。

学以致用的读书法⑨
思考"为什么要读这本书"

能够迅速理解、消化读到的知识，对于忙碌的我们来说是一件十分值得庆幸的事。然而，我们会遇到立刻就能读下去的书，也会遇到无论怎样集中精力也读不进去的书。

对于很难集中精力阅读的书，在阅读的过程中会感到昏昏欲睡。即便勉强把书读完，也不会留下太深刻的记忆。这对于宝贵的阅读时间和勉强读完的书来说都是一种浪费。即便重读也不会有太好的效果。

有什么办法能做到快速记住书中的内容呢？

我觉得关键在于应该基于好奇心和求知欲去阅读一本书。我

们在看十分喜爱的电影或者特别关注的电视节目时，很少会想睡觉吧。一定会希望电影或节目不要过早结束，并且怀着激动的心情享受每一分每一秒。

读书也是同样，在阅读时是否抱有期待的心情十分重要。为此，我们必须阅读那些能激发好奇心和求知欲的书籍。绝对不能强迫自己去阅读毫不感兴趣的书。

为了维持高度的求知欲，**需要在开始阅读前明确两个问题：**"我想从这本书中学到什么"，以及"我为什么要读这本书"。只要做到这一点，专注程度和理解程度就会大幅提升，关注的内容也会有所不同。

或许有人会说："我也很想这样做，但如果对于必须要读的书没有这种程度的好奇心和求知欲时应该怎么办？"

首先，我能确定的一点是"无法引起求知欲的书，即便买回家也没有意义"。如果阅读的时候感到索然无味，没有学到任何知识，那才是在浪费时间。

更加严重的问题是对任何事情都无法产生求知欲。

如果既没有问题意识，也没有目标意识，那么就无法提升自己，并且每天的生活也会变得无趣。

那么，如何才能拥有目标意识？

"我想做这件事""我想成为这样的人""也许很难，但我希望能达到那样的水平"，为了实现这些目标，自然就会产生强烈的好奇心和想要解决问题的意识。

获得目标意识最好的办法是经常和这方面意识较强的人见面，有机会的话应该一起共事。如果能共同参加一个项目是最好不过了，即便无法一同参加项目，也可以几个月见一次面，听听他们的谈话，这样也会感到受益匪浅。人与人之间的能力有很大差异，优秀的人自有过人之处。我在麦肯锡任职期间经常会邀请工作能力出色的同事或前辈一起共进晚餐，和他们谈话能够获得很多启发。

还有一个方法就是召集朋友共同推进一个项目。和志同道合的朋友一起努力，在想偷懒的时候，看到团队中的其他成员干劲十足，自己也会更加努力，这样整个团队就能朝着目标坚定地走下去。

无论哪一种方法，只要你付诸实践，就会发现自己在不知不觉之间变得更加充满活力，成为他人信赖的对象。不断提升自身的能力，不断向领导者的角色转化，最终成为他人信赖的对象，这也是一种提升自我的方式。

在这个过程中，要尽可能地体验和尝试那些能够激发好奇心和问题意识的事物。只有亲身体验过后，才会激发出强烈的好奇心和问题意识。

例如，我在一年半之前，开始关注起人工智能这一领域。虽然我在大学学习的是理工科专业，对于这个领域存在一些潜在的兴趣，但总感觉这个领域十分深奥，并没有过多地关注。

但当我开始关注这个领域后，我发现了汤川鹤章先生主办的名为"汤川塾"的学习会，我连续参加了3期的学习会，集中学习了人工智能和机器学习等相关知识。

每一次的学习会，会聚集数十名高度关注该领域的人，大家一起聆听专家的演讲并讨论。

在每天的学习中，大家阅读以人工智能、机器学习、深度学习、IBM Watson、Machine Learning、Deep Learning等主题的不同语言的相关新闻报道，阅读相关书籍，进行多次演讲，甚至会给这个领域中有高技术水平的创业公司提供帮助。

就这样，我对这个领域从漠不关心到产生兴趣，并以此为契机激发出了好奇心和问题意识。

再比如，我曾经出于兴趣参观过一个3D打印的展示会。在会上，我遇到了一个演讲内容十分有趣的团队，并且与这个团队一同创立了一个主营3D打印业务的风险企业。这期间，我阅读了许多与3D打印和数字化建造相关的书籍，迅速加深了对于该领域的知识的理解。

与人交流，或是去从未去过的地方，都会增强并拓展个人的兴趣和爱好。再通过读书更进一步加以扩展后，就能更透彻地掌握相关知识。如此一来，无论自己的职业空间还是能力范围都会不断扩大，从而形成一种良性循环。

所以，应该积极把握能够激发好奇心与问题意识的机会，有时甚至要主动创造这样的机会。

学以致用的读书法⑩
不用过多的时间整理书架

喜欢读书的人会不断增加藏书,因此要花很长的时间来整理书架。

之前,我会花费很长的时间整理自己的书架。按照书的尺寸大小整理;按照题材整理;将文库本放在一起;将新书摆放到一处;将最喜欢的书目放在书架的右上方;果然还是应该按照题材分门别类地摆放……像这样,我经常整理书架。

如果一直整理下去,就会浪费大量的时间。所以必须尽早从这个时间的无底洞中脱身。

对策之一就是不整理书架。一般来说,个人的藏书量无法达到上千册，只要将书全都摆放在书架上，就一定会找到需要的书。

现在，我基本就是这样做的。书籍并不是室内装饰物，无论如何装饰、如何摆放，都没有太大意义。

每天的生活虽然繁忙，但也有很多让人感到愉快的事情，**我终于达到了根本无心花时间整理书架的心境，并且摆脱了整理书架这一魔咒。**

如果日后电子读物进一步普及，或许占据房间内一角的书架的地位也会有很大改变吧。

第四章
如何将书中知识转化为自身能力

读书与行动①
限制读书时间，用更多的时间输出

能够在一定程度上理解书中内容后，就不必再花更多的时间看书，可以将时间用在知识的输出上。

在繁忙的工作之余仍要确保读书时间，是一件十分困难的事，但是一旦开始读书便会将其他事情搁置，这样的情况也并不少见。

因为我一向不会积极打扫房间，所以总是想要将这件事推迟到周末。一旦我开始读书，就会想："今天是星期五晚上，今天就不用打扫了，反正休息日还有两天的时间，可以利用这些时间打扫。"所以星期五的晚上大多是在读书。

与其说这是积极地读书，倒不如说是消极读书，甚至是带有逃避性质的读书。

　　由于星期五晚上经常会有聚会，我在星期六的中午或傍晚才会想要处理工作上的事，但这时我又会想："星期六有半天，星期日还有一整天，所以还是先读书吧，反正也必须要读书。"于是，我在星期五的晚上便总是读书。

　　这种想法十分危险，由于总是想着星期六还有半天的时间，就会将精力放在重要性并不是很高的事情上，事后却会感到后悔。"消极读书"和"逃避性的读书"对于个人来说其实是一种损失。因为这样做既无法保持知识的输入和输出的平衡，也无法保持"从书中获取的信息"和"和他人的接触"的平衡。

　　因此，在日程表中加入读书时间的同时，限制读书的时间也同样重要。否则，周末转眼间就会结束，尽管读了书，却没有完成应该做的事情，只能焦躁地等待新的一周的到来。

　　在限制读书时间这件事上，我认为最有效的方法是规划每个月的阅读量，超过或达到这个数量就暂时停止读书。同时，在心里不断叮嘱自己：已经达到了足够的读书量，应该停止借读书来逃避现实。

　　对于那些已经有一定程度的阅读量的人来说，每周只读一本书就足够了。没有读过的好书不计其数，比起一味地读书，更应该吸收书中的知识，提升自身的能力，将知识分享给更多人，以及从其他的信息源处汲取知识。

已经阅读过 300 本以上的书的人，或者已经形成一定的阅读习惯的人，今后要限制读书的时间，多花时间将书中的知识转化为自身的能力。

读书与输出的关系

接下来我会针对"如何多增加输出知识的时间"这部分内容进行说明。

输出书中的知识有以下几种方式。

1. 在工作中取得成绩

不管怎么说，在工作中获得更大的成功才是最重要的事。

工作成果的两个必要条件就是速度和质量。

如果在晚上或者休息日有必须要完成的工作时，大家都会想方设法快速完成。例如，后天要交的报告，下周要交的企划方案等商务文书，应该快速完成，然后再不断修改，这样做不本书碎片化了。没有必要通读其书，其他一块内容都要成为您脑中的知识。但是自身的能力才能被切实应用到更多的工作当中，以及与其他相关人员进行沟通。这样，才能从其他的信息源获取新的输入。

已经阅读过 300 本以上的书的人，或多或少花成一定的阅读学习规律的人。今后要用限度书的时间，去花在能将书中的知识转化为自身的能力。

　①大幅提高工作速度。

　②改善沟通能力，加强协调能力。

　③加强项目管理能力。

　④提高制作商务文本的能力。

　⑤保持工作热情。

接下来我会针对"如何多增加输出知识的时间"这部分内容进行介绍。

　　阅读各个领域中能够帮助自己解决问题的书，明确查看容，输出书中的知识并将其应用到工作方式中去，这是非常重要的。这一点我会在后面详细说明。

1. 在工作中取得成绩

2. 不管怎么说，在工作中获得更大的成就才是最重要的事情
　　如果只顾眼前的成果，在最重要的工作期限和质量保证往往被放在两个完全要求水准之上，即使工作期限。如果在速度和质量上都能够确保的话，其实能够想办法提速度、完成，甚至可以每天有新的要求进度安排和企划案等商务文书，就应该快速完成，然后再不断推敲，这样做不只

Step 1：以5年后的目标为基础，思考："一年后想要成为什么样的人""想得到什么样的评价""想在什么场合做一个怎么样的演讲""演讲的题目是什么""哪些人曾经做过此类演讲，是否能和他们竞争"等等问题。核反复思问题总结在一张纸上。

Step 2：在领域内的同行业、标杆，和一个相关领域的关键同登录到各类资讯上，如关闭读和关注报道，了解前沿动态和业内的知识准，构建人脉关系，提升工作热情，可谓是（参见本章第四节）。

Step 3：列出20个关键词，它们是自己擅长的且能反映自己成长，可以参考Step 1中整理的"演讲的题目"做好进一步细化。做到要能讲明不断形成知识体系与责任，化敬畏为动力，积淀公司的资产化自己的品牌。其基本思路为：

- 在网上搜索关键词，阅读100～200条相关目。

Step 4：每周写1～2篇博客，题目不脱题基本跟着自己的行业近几年的最新热点走，随着阅读数量的增加，你就可以慢慢整理出自己更聚焦的知识点，最终后在博客上发表3000～4000字的博客，并能够详细关联起来。接下来，我就要分享的演讲关键在博客到的博客最好是2000字3000字，然而想要突出专业性和知识的深度，这些才可能不错。要想受邀演讲，博客及着的演讲题目对上4000字左右只有这样文章的质量才会更提高。但是如果没有人邀请你去演讲，获得演讲机会。

那么，如何才能获得演讲的机会呢？可以参考以下步骤。

Step 1：以5年后的目标为基础，思考"一年后想要成为什么样的人""想得到什么样的评价""想在什么场合做一个怎样的演讲""演讲的题目是什么""哪些人曾经做过此类演讲，是否能和他们竞争"等问题，将这些问题总结在一张纸上。

Step 2：在读书的同时，将数十个相关领域的关键词登录到谷歌资讯上，每天阅读相关报道，不断补充自己掌握的知识（第五章会详细介绍）。

Step 3：列出20个左右要写在自己博客上的题目。这时，可以参考Step 1中整理的"演讲的题目"，列出一些能够向策划演讲的社区骨干、事务所以及研讨会策划公司的负责人宣传自己的博客题目。

Step 4：每周写1～2篇博客。原本就是自己的专业或相近领域，由于每天阅读一定数量的报道，所以能够不断整理自己所掌握的知识，然后再写成3000～4000字的博客。

接下来，我将要介绍，有关读后感的博客大约要写2000～3000字，然而想要突出专业性和知识的深度，这些字数可能会不够。要想受邀演讲，博客文章的字数要在4000字左右，这样文章的可读性才会更高。

读书与行动②
分享读书成果，提升沟通能力

读完一本书后，要尽可能地与他人分享自己的成果。

这样，与人交流时会自然地整理要点，并且通过回答他人的问题，更进一步地整理重要的内容。

在说话时尽量像讲故事一样给对方留下深刻的印象是关键。

其实，我本人并不擅长与他人分享书中的内容或是一些趣事。我比较擅长在纸上逐条列出关键点后再讲解，或是在工作中整理报告书，提出当前存在的问题、可采用的解决对策。然而，如果我在事先没有任何准备，那么讲话时总会失败。

在说话时，我会时刻想着应该还有更好的表达方式，原本只要详细解释就很有趣的事，我也会在中途就讲不下去。但擅长讲话的人就会巧妙地总结想说的内容，所以我感到自己和这样的人之间存在着很大的差距。

因此,为了锻炼自己的说话能力,我在读完一本书后,会尽力与人分享。坚持这样做了一段时间,虽然一开始会比较慢,但之后,就慢慢能做到游刃有余了。

在讲述书中的内容之前,"用荧光笔画线""用A4纸做笔记"也很有帮助。只要掌握这两个方法,就能在一定程度上掌握书中的关键内容。因此,只要围绕这些要点展开说明即可。但是,如果只针对这些部分进行说明的话,对方可能无法理解其中的缘故。所以,要尽可能地与自己分享的人取得共鸣。

通过听取他人的感想，了解自己的思维幅度

将书中的内容分享给其他人还有一个好处。

在向他人说明书中内容时，会得到自己从未有过的想法："一定是这样的吧""肯定是这样的"像这样自己觉得理所应当的事情，在其他人看来却并非如此。

发现"自己觉得理所当然的事情在别人眼中却并不是这样"，也是一种学习。在深入了解他人的同时，也养成思考他人想法的习惯，这样对于人际关系和沟通方式也会有较大的改善。

特别是给他人介绍读过的书时，如果事先建立一定程度的全局观后再进行介绍，就可以了解到对方的知识储备和价值观，以及自己与对方的差异和产生差异的原因。通过讨论读书内容，

就可以很快理解平常没有发现或者需要花时间理解的部分。这样的机会十分珍贵,请大家一定要尝试。

给朋友讲解书中让人感动和有趣的内容。这样不仅可以整理思路,还能够提升向他人解释说明的能力,逐渐形成良性循环。

读书与行动③
展开深入广泛的讨论

确定要读的书以及阅读期限后,就可以召集伙伴一同读书。读完一本书后,不仅可以和朋友一同写读后感,还可以对书的内容展开讨论,这样对读过的书也会有更深刻的解读。

如果大家能够真实地聚在一起阅读一本书,那是再好不过了。即使只有20～30分钟的时间,也会是一种良好的阅读体验。如果一起阅读的伙伴是同一个公司的同事,那么大家就可以早上提前半个小时上班,或是利用午休时间、下班后的时间一起探讨书中内容。

"我是这样想的。"

"这个部分最好。"

"这个情节最感人。"

"这个地方我没看懂,大家是怎么想的?"

"作家写书的初衷是什么?"

像这样,在很短的时间内大家相互交换意见、提出问题,也会立刻加深对于书的理解,这也能够训练如何持有以及表达自己的意见。

曾经有一位读者欣喜地告诉我:在公司召开的第二次员工交流会中,他发现一部分资历尚浅的员工也能独立思考并推进讨论。

如果大家能够真正地像在一起阅读一本书,那是再好不过了。

在网络上互相交换意见时,大家的言辞往往火药味十足,但是在Facebook上几乎不会出现这种分歧。

Facebook 施行实名制和会员制，所以并不会发生在其他网络上频繁看到的恶语中伤、谩骂、煽动等恶性事件。

读书与行动④

在"读书档案"上写明目标，有所行动

如果￼￼，所以大家可以自由地发表感想、交换意见。

即使在读书后与他人分享书中内容，但没有转化为行动的话也毫无意义。读书一定会增长知识，让头脑变得聪慧，如果将书中的内容付诸行动，也会提升读书的价值。

在我出版过的几本书中，也在尽力建立能将读书中知识转化为行动的体系。

例如，我在《掌握这些知识后学英语就不再困难》这本书中，曾提到在 3 个月内，收集自己喜欢和感兴趣的领域相关的英语信息，在 Facebook 群里写明目标，并推进展。同时在 7 月末、11 月末、3 月末全国各地同期举行的"学英语不再失败"的交流会上发表自己的成果，共建交流交心得的平台。对于日本人来

读书与行动④
在"读书档案"上写明目标，付诸行动

即便在读书后与他人分享书中内容，但没有转化为行动的话也毫无意义。读书一定会增长知识，让头脑变得聪慧，如果将书中的内容付诸行动，也会提升读书的价值。

在我出版过的几本书中，也在尽量建立能够将书中知识转化为行动的体系。

例如，我在《掌握这些知识学英语就不再困难》这本书中，曾提到在 3 个月内，收集自己喜欢和感兴趣的领域相关的英语信息，在 Facebook 群里写明目标、汇报进展，同时在 7 月末、11 月末、3 月末全国各地同期举行的"学英语不再失败"的交流会上发表自己的成果，共建交流心得的平台。对于日本人来说，学英语往往十分痛苦，容易遭受挫折。然而，如果召集伙伴一起学习，就会提升学习的必要性，更容易付诸行动。

当然，即便一个人读书，阅读司马辽太郎的《坂上之云》也会觉得感动，自己也想要迎接更大的挑战并立刻开始行动。

总之，书原本就具有让读者付诸行动的力量。如果不读书，书就无法发挥这种力量，所以建议大家读书后要积极实践。

可是话虽如此，在读完一本书，并采取行动之前，有很多人已经开始阅读下一本书了。虽然有人会写读书博客和读后感，但几乎没人在读过书后，写下"自己接下来要做什么"这样的内容。

每读完一本书，就要写一篇"读书档案"。读过每本书后自己会有哪些新发现，行动上会有哪些变化，都要记录下来，并确认推进到何种程度。每个月读 4 本书，一年就可以写出 48 个"读书档案"。将这些读书档案放入一个文件夹中，不断添加新的档案。

如图 4-1 所示，"读书档案"由 4 个部分构成。

大家读书时总是思考"为何要买这本书""是否应该买这本书"这样的问题。"读书档案"由4个部分构成，如图4-1所示。

1. 阅读这本书的目的
2. 阅读后的收获、感受
3. 阅读这本书后会采取哪些行动
4. 3个月后会做什么，有什么样的改变

图4-1 读书档案

接下来，我将针对这4个部分进行说明。

内容
"读书档案"，将读书档案放入一个文件夹中，不断添加新的档案。

每读完一本书，就要写一篇"读书档案"。阅读完本书后自己会有哪些新发现、行动上会有哪些变化，都要记录下来。并每月抽时间回顾阅读。一年的时间可以读出48个月，如此，阅读完本书后自己的想法和来不及发展和变化。

可是话虽如此，在读完一本书，并采取行动之前，有很多人已经打算阅读下一本书了。虽然有人会为了博客和知度启而让几何人在阅读过书后，写下"自己接下来要做什么"这样的

当然，仅仅读一个人读书，阅读同司马辽太郎的《坂上之云》也会觉得感动，自己也由思想要迎接更大的挑战并立刻采取行动。
总之，书本来就具有让读者付诸行动的力量。如果不随书行就就无法发挥这种力量，所以建议大家读书后要彻底思

你一样想学习，就会提升学习的必要性，更容易采取行动。
说，学英语在精神上分痛苦，容易遭受挫折。然而，如果伙

有这样才能坚定自己的信念。

这点也能充分反映出制作"读书档案"与只写读后感的差异。

4.3个月之后要做些什么，有什么样的改变

在档案表右下方记录读书后的行动结果，也就是写下3个月之后想要做些什么，有什么样的改变。每读完一本书后都要写档案，这也是与提升自我有直接联系的重要内容。

并且，我们可以用PPT确认各页的内容，打印出来后随身携带，这对于自己也是一种激励，更容易让我们付诸行动。

本书130页的例子是我本人写的读书档案。这是我在阅读野口悠纪雄《虚拟货币革命》后所记录的内容。完全熟练的话，大概在5~6分钟内就可以写好。这样做可以有效避免只是打发时间这样的读书方式。

有很多人都认为"读书是一件好事"，"书读得越多越好"，虽然读过许多书，却没有采取任何实际行动。仔细挑选每一本书，也会成为让我们付出行动的契机。不只是因为兴趣或消磨时间，而是作为一种提高自身能力的必要手段和步骤来阅读。

我给大家介绍一下写读书档案后面的评论的方法。

前文中我曾提到将读书档案放入一个文件夹中，随后可以

不断添加新的内容。不仅如此，我们还要事先打印 20 页的读书档案并放入文件夹中，随身携带。按照一个月读 4 本书的进度，20 页的读书档案大概可以使用 5 个月。

定期回顾档案的内容。例如，可以在每个星期五晚上的睡前 15 分钟回顾以往写下的内容。如果在星期五晚上写评价的话，就会发现"这点我没写""我应该重新做这件事""原来这才是我读这本书的理由"等之前从未注意到的事。休息日时间比较充裕，可以用来写评价。

除此之外，应该每周花几分钟时间回顾档案内容，回忆和书友们的讨论、读后感，以及读过书后的感受。决定要做这件事的背景也会鲜明地浮现在我们的脑海中，让我们能够更好地整理心绪、付诸行动。每 3 个月一次，比如在 3 月末、6 月末、9 月末、12 月末，在 3 个月以上的读书档案的右侧第 3 条和第 4 条写下评价：

◎ 非常好

○ 勉强完成目标

△ 不太好，没有成果

× 完全没有做好

将这些内容手写在读书档案中，并在一定程度上归纳好相关内容，就能够快速写出评价。

不断添加新的内容。不仅如此，我们还需要下载的20张以下书

档案并放入文件夹中，随身携带。按照一个月读4本书的进度，
（据悠悠纪野书名：虚拟货币革命 作家：野口悠纪雄）案上档书读
20 幻的读书档案大概可以使用 5 个月
 2016 年 4 月 30 日
 三级联市
 定期回顾档案的内容。例如，可以在每个星期五晚上的睡
 1. 阅读此书的目的
前 15 分钟回顾以往记下的内容。如果在星期五晚上可以评价的话，
 ●想了解如何使用虚拟货币和比特币。
就会发现，"这点花费了"，"这点应该重新做这样事，"原来这么了是
 ●想知道数据区块链会给产业带来哪些影响，以及
找读这本书的理由，"怎么前义未注意到的事。休息日的时间比较
 接下来会引发什么变动。
充裕，可以用来写评价。
 ●可以用来写评价。
除此之外，还应该提花几分钟时间回顾档案内容，回忆和
 2. 读书后的感受
书籍们的对话。读后感，以及度过于日后的感慨，决定要读这件
 ●第一次了解虚拟货币的最新状况。
事的背景也会明地地涌现在我们的脑海中，让我们能够更好地
 ●彻底了解数据区块链不仅对比特币，对所有的数
整理心绪。例如，每3个月一次，仅以在3月末，6月末，
 据管理也会产生巨大影响。
9月末，12月末，在3个月以上的读书档案的初第3条和第4
 条写下评价：
 ●我原本认为通货就是通货，可是读过这本书后
 ◎ 非常好
 明白它本身也存在很大的缺陷，通货革命也会给
 ◎ 圆满完成目标
 社会带来巨大的变化。
 △ 不太好，没有效果
 × 完全没有做好

将这些内容手写在读书档案中，并在一定程度上归纳相
关内容，就能够快速写出评价。

读书后立刻行动与博客⑤

3. 阅读此书后，接下来打算做些什么

● 继续学习虚拟货币革命、通货革命、数据区块链等相关领域的知识。为了掌握最新的动向，阅读所有相关报道，尽量参加国外的相关会议。

● 了解数据区块链将如何从根本上改变各类决算、专利、合同等的流通、理解基础结构，系统性思考如何将其应用到其他领域。

读这本书后立即行动，如果有可能再立即建立博客，会非常有可观价值。这样不仅能够加深对内容的理解，还可以从读者那里得到各反馈，也能够是独自阅读时无法获得的变化，随着博客者的增加不断增多。

● 尽量以"给社会和产业带来何种影响"的视角提出问题并作解答。

坚持写博客可以让我们不断提炼自己的思考，提高意识到的结构、读书方法也会变得更加熟练。

● 与从事数据区块链的几家风险企业联系，如果可能还会创造机会直接与几位顶尖专家取得机会。我也会有许多方式在网络上展现出非常细致和深刻的文章后，就有机会收集更主的经历。

当然，如果在写博客上花费太多的时间则难以坚持读书。

读书与行动⑤
读书后立即写博客

读过一本书后立即写博客，会非常有效。这样不仅能够加深对内容的理解，还可以从读者那里得到许多反馈，这些都是独自阅读时无法获得的好处。随着博客的读者不断增多，会形成超出预期的良性循环。

坚持写博客可以让我们不断找到有意思的书籍，读书方法也会变得更加细致。

写博客可能还会创造能够直接与作家取得联系的机会。我也曾有过很多次在博客上读到非常好的文章后，就积极联系博主的经历。

当然，如果在写博客上花费太多的时间就无法好好读书，更无法将书中学到的知识付诸行动。因此，博客一般写 2000 ~ 3000 字就足够了。

事先准备好模板（图 4-2 所示），写起来会很快很方便。我利用这样的模板，确定题目，接着再写出 4 ~ 6 个小标题，之后尽量在短时间内完成文章。

利用这个模板写出的博客框架就是图 4-3。确定题目后，思考文章的内容和结构，再确定小标题。每个小标题需要写 1 ~ 2 行的内容。写完后，确认整体的内容逻辑清晰、准确无误后，就可以一口气写完。

例如，首先应该将书中印象最深刻的内容写进题目。其次，将与之相关的话题作为小标题列出 4 ~ 5 个，再加入一些说明性文字，这样基本上就完成了提纲。

不在意措辞，将脑中浮现的内容写下来才是最关键的。即便是那些不擅长写文章的人，只要利用 A4 纸做笔记，也能够立即写出一篇合格的文章。

原本我不太擅长写文章，所以写文章时总是不知道应该写什么内容，但是利用这个方法我能够在 30 分钟内写出一篇文章。

第四章 如何将书中知识转化为自身能力 / 133

更无法跟书中学到的知识相匹配行动。因此,博客一般为2000~3000字就足够了。

事先准备好模板(图4-2所示),写起来会飞快加方便。我利用这样的模板,确定题目,接着再写出4~6个小标题,之后尽量在短的时间内完成文章。

利用这几个模板写出的博客框架就是图4-3。确定题目后,思考文章的内容和结构,再确定小标题。每个小标题需要写了1~2行的内容。写完后,脑以整体的内容逻辑清晰、准确无误后,就可以一口气写完。

例如,首先应该将书中印象最深刻的内容写进题目。其次,根据与之相关的话题作为小标题列出4~5个。再加入一些说明性文字,这样基本上就完成了概测。

如果意借而,根据书中容视的内容写下来才是最关键的。即使那些不擅长写文章的人,只要利用A4纸做笔记,也能独立写出一篇合格的文章。

关于保持长写文章,既以写文章的总量基本不知道该写什么内容,但是利用这个方法我能够在30分钟内写出一篇文章。

图4-3 利用模板制作的文章框架

《4个要点，30分钟内写出3000字》，是一篇非常有参考价值的博客文章。

这位博主能够快速写出博客文章的秘诀如下：

确定一个自己最关注的主题。

事先决定文章的提纲。

举出具有代表性的事例。

使用定时器，催促自己完成。

只要做到这4点，任何人都可以在30分钟内写出3000字。

读书与行动⑥
半年后重新阅读

我尽量会在半年后重新阅读之前曾读过的书。这样做的理由很简单，就是想要牢牢记住书中的重要内容，并将其转化为自己的知识。因为只要花很短的时间就能够读完一本书，所以我建议大家一定要尝试这种方法。俗话说"书读百遍，其义自见"，在每个人都十分忙碌的当今社会，我认为一本书要读两遍才有意义。

重新阅读一本书的方法有两种。

对于内容十分精彩的书，再次阅读时应该从头到尾仔细阅读。

因为再次阅读时会对书中内容还留有一些记忆，所以阅读起来也会非常迅速。并且，之前阅读的时候用黄色荧光笔在书中的很多地方都做了标记，所以这一部分的内容也十分醒目。

而对于那些内容并不是十分精彩的书，只要重读做标记的部分就可以了。按照折角寻找做标记的地方，不到 10 分钟就可以读完。

有些人可能觉得有些疑惑，明明有很多书想要读，为何却还要重新阅读之前读过的书籍。重读也是十分重要的，所以一定要尽可能地做到这一点。

将这两类书籍的读书档案取出来，摆放在一起做对比，能加深对书的印象，选择这本书的理由和采取行动的意义也会变得更加明确。

然而，无论是一个月读 10 本书的时代还是现在，重读的书的数量也远远不及读过的书的数量，这是因为阅读所花费的时间完全不同。

因为这阅读时会对书中内容做得有一些记忆，所以阅读起来也会非常迅速。并且，之前阅读的时候用黄色荧光笔在书中的很多地方都做了标记，所以这一部分的内容也占了题目中的很多地方。

而对于那些内容并不是十分精彩的书，只要重度做标记的部分分就可以了。按照我的书枝做标记的地方，不到10分钟就可以阅读完。

有些人可能觉得有些怀疑，明明刚才说多书想要度，为何现在又要重新阅读之前度过的书籍，重度也是十分重要的，所以一定要尽可能地做到这一点。

把这两类书籍的速度书架案出来，摆放在一起做对比，能加深对书的印象，这样对本书的理由和来取行动的意义也会变得更加明确。

然而，无论是一个月度10本书的时代化还是现在，重度的书的数量也远远不及度过的书的数量，这是因为阅读度耗化的时间完全不同。

第五章

不在无趣的书上浪费时间

提高信息敏感度①
30岁之前读300本书

喜欢读书的人从初高中开始，直到30岁，大概会读800～1000本以上的书。

在13～29岁的17年中，如果每个月读4本书，那么一共会读800本书。而如果每个月读6本书，那么一共会读1200本书。从我自身的读书经历来看，从小学高年级到初高中，我每月会读4本书，而上了大学之后，我要求自己必须每个月读10本书以上。到现在，我已经读了1800本书。

或许我是因为喜欢读书，所以才能够读如此多的书。但现在随着智能手机的普及，以及社交网络和游戏的影响，从学生到20岁左右的年轻人这一人群中，不读书的人在不断增加。

① 提高信息敏感度

30岁之前读300本书

我一年会举办十几次演讲，有很多机会接触大学生和20多岁的年轻人。每次接触这类人群的时候，我都会问他们到目前为止一共读过多少本书。有很多人的回答是只读过两三本书，这让我感到十分震惊。

我认为他们的阅读量不可能这么少，于是又再次询问了一遍，才知道他们并没有说谎，也没有虚报。也就是说，现在的年轻人正在逐渐失去读书这一习惯，也根本没有时间看书。

读书这一习惯的消失，是网络环境形成之前的电玩时代就已经开始的。根据我的调查，在日本，以前喜欢读书的人从初高中开始，直到30岁，大概会读800到1000本左右的书。

我最近也听到这样的故事："我今年42岁，而放下书本以来我本来在15年、29岁的时候，如果每月读4本书大概至少共会读800本书，而如果每月读6本就应该一共读1200本。于是我从自己的书架里翻看到的书数目，确确实实地算下去只会读4本书，而且几乎不读完。将我目前的藏书个月算10本书以上，到现在，我已经读了1800本书。"

不读书的人在不断增加，其原因就在于有很多人没有感受到读书的乐趣。但是，更主要的原因还是在于电视、电脑、智能手机的普及，以及社交网络和电脑游戏的影响。从学生到20多岁的年轻人这一人群中，不读书的人大都不能感到总

①知识量匮乏，无法学到新知识。

②缺乏书籍让我们人生变得更加充实，让阅读更有

趣味能够让自己成长，因此一定要发现并阅读各种书籍。

④无法体会他人的心情和苦痛。

⑤无法掌握沟通能力。

⑥不能有效激发想象力，思考力——半小说

⑦观察能力和推理能力低下。

我以为，在阅读的300本书中，一半应该是商务类书籍，此

类书能提高专业技巧，够思维带来启发，以及探索未知（社会、

历史等）的内容的书籍；另一半则是对自己有没

有阅读小说也非常重要。因为无论是恋爱小说还是历史小说，

读小说，我们能感觉到更加丰富其他人的人生和想法来丰富我

在短时间内有效吸收知识并不是读书而需要更重要，读从而加深度，

切实有效的方法。

常用某一章节中也曾提起过，书中接受采集的采访对象都变得变得

懒惰集中在中老年代的人，这些人非常喜欢读书，并且把书C当作增长

一个人，将读书看作一件非常有益的事。书籍。

自己情感变得敏感，抽的是通过了解他人的苦痛，理解自己

由的想象完全不同的人的思维方式为，从而增强其理解和想象力，

好一段时间看，阅读已经让人感染的人们，连接着春秋就觉得耀眼夺几

周读一本书。

有很多书能让我们的人生变得更加充实,越是阅读这样的书就越是能够让自己成长,因此一定要多花时间阅读这样的书籍。

一半商务类书籍,一半小说

我认为,在阅读的300本书中,一半应该是商务书籍,如能够提高专业技巧、给思维带来启发,以及科学技术、社会、历史等内容的书籍;另一半则是小说。

阅读小说也非常重要,因为无论是恋爱小说还是历史小说、科幻小说,我们都能够通过了解其他人的人生和想法来丰富我们的经历,从而变得更加成熟。

在第一章中我也曾提到过,我将这样的事称为"让心智变得成熟",从中学时代开始,我就非常喜欢阅读让我增长心智的书籍。

"让心智变得成熟"指的是通过了解他人的苦痛,理解与自己的想法完全不同的人的思维方式,从而增强我们的感受力。

换句话说,所谓"心智成熟的人",在我看来就是那些心胸宽广的人、器量大的人、能够理解他人心情的人、具有人格魅力的人。我认为这样的人在工作中都是十分优秀的人才。这是在掌握领导能力上不可或缺的要素。

所谓领导能力并不只是体现在升职这件事上。在社团，或者与志趣相投的人一起开展项目，又或者和他人一同行动时，如果有一个人具有出色的领导能力，那么整个事情就会进行得很顺利，也能够获得很大的成功。

迄今为止，支撑我阅读如此多的书籍、让我有巨大动力的正是"让心智变得成熟"这一关键词。

提高信息敏感度②
完成读书目标后，继续坚持读书

　　完成 300 本的读书目标后，我建议大家可以按照一周读一本、一月读 4 本、一年读 50 本的进度坚持读书。

　　与工作有直接关系的书、有关人际关系方面的书、与兴趣爱好有关的书等，有很多书籍都能够提高我们的工作技巧和沟通能力，还能让我们的感情变得更丰富。仅依靠网络上收集到的碎片信息是无法获取这些知识的，因此即便再忙碌的人也应该每周读一本书。

　　为什么一周要读一本书呢？其实理由很简单：因为书的价值是无限的，所以我们应该保持长期的阅读习惯。我们可以尝试训练自己在 1.5～2.5 小时内读完一本书。这样一来，就可以确保每周的读书时间。

当然，我们每个人都很忙。但即便有人认为自己的工作非常忙，实际上也是能够挤出一定时间的。

很多人缺少的并不是时间，而是内心的充裕，所以才会无法静下心来阅读一本书，但如果能克服这种心理，一周读完一本书，就会形成良性循环。大家可以尝试我在第二章中介绍的"召集书友一起读书"的这个方法。

所谓良性循环，是指通过读书增长与工作相关的知识，提高专业技能，或者提高问题意识，取得更好的成绩。这样一来，工作也会更加顺利，也就会有更多的空闲时间用来读书，梦想也会接连地实现。

越是优秀的人，越是会有意识地创造这种良性循环。建议大家认真思考如何创造这种良性循环。

提高信息敏感度③
使用谷歌资讯收集信息

平常积极地收集信息,就可以迅速找到应该阅读的书籍。比如,经常在网络上收集有关机器人、人工智能或是环境问题的信息,就能够发现当前的问题是什么,今后将会发生怎样的事。

这样一来,当有这些领域的书籍上市时,我们就能快速判断出必须阅读的书籍,以及不需要阅读的书籍。在当今社会,介绍同一领域的书籍可能会多达几十本,所以提高这种敏感度是非常有必要的。

有关收集信息,有以下几个要点:

1. 使用谷歌资讯

想要没有遗漏地阅读感兴趣领域的相关信息,我强烈推荐大家使用谷歌资讯,只要在网络上搜索就能立即找到(完全免费)。事先在谷歌资讯上输入相关领域的关键词,该系统就会在你指定的时间,推送所有包含这些关键词的新闻。我设定的时间是早上6点。

与信息整合工具不同,谷歌资讯并不会根据你的浏览记录来随意整合信息,所以不会遗漏任何相关报道。但是,在使用信息整合工具浏览报道时,会发生非重要信息的推送不断增多的情况,要注意这一点。

只要大致浏览谷歌资讯每天早上推送的信息,就能够掌握这个关键词相关领域的动向。谷歌资讯还可以设置推送新闻的语言,我本人设定为日语和英语两种。

作为范例,给大家展示一下我个人的谷歌资讯中的关键词。由于工作关系,我和许多企业都保持着合作关系,所以会经常关注下面这些关键词。

人工智能	AI	新加坡
机器学习	Machine Learning	印度尼西亚
深度学习	Deep Learning	印度
机器人	DeepMind	伊斯兰国
无人驾驶	IBM Watson	伊斯兰教
智能网联车	Robotics	老年痴呆症
IoT	Autonomous car	过度保护
可穿戴设备	Driverless	过度干涉
数字健康	Connected car	智障
手机健康	IoE	Adult children
金融科技	Wearable	边缘型人格障碍
比特币	Bitcoin	DV
区块链	Blockchain	精神虐待
众包	Bitnation	抑郁症
3D 打印	Ethereum	
数字营销	P2P Lending	
悬赏广告	Shared economy	
AKB48		

图 5-1　谷歌资讯的关键词

如果时间充裕，我会仔细阅读所有推送信息中最重要的几条。具体来说就是打开谷歌资讯每天早上推送的邮件，从上到下浏览所有信息，找出我最关注的新闻。如果报道中介绍其他相关新闻或该博客的信息历史排行、热门文章的话，我也会逐一阅读。

如果其中介绍了我比较关心的新闻，或者有我比较感兴趣的历史文章，我也会阅读。

"原来这两件事有这样的联系""竟然有这方面的报道"，连锁式地不断扩大阅读范围，这会让人感到相当兴奋，就好像在挖掘宝藏一样。

虽然报道中介绍的事件也十分重要，但是该博客中的历史文章也能够丰富我们的知识，所以也应该阅读。

由于我的阅读时间有限，因此只能在短时间内阅读具有重大意义的信息。如果一个人对于信息的敏感度很高，那么其他的能力也会十分出色，所以能够在短时间内阅读大量的文章。

然而，我们在运用这种方式阅读时，需要注意一点。

如果在看一篇报道时被该报道中引用的文章所吸引，应该立即去看这篇文章。以我的经验来看，如果坚持读完眼前的这篇报道，当初阅读时的兴奋感也会大大降低。

这大概和"想吃的时候才最好吃"是相似的感觉，请一定珍惜"好棒、棒极了、太棒了"这种感觉，它往往会带来巨大的收获。同时，注意力也会提高，这样能够立即加深对在 10~15 分钟内调查的课题的理解。

如果实在没有时间，可以大致浏览推送的信息的题目。即便只是阅读谷歌资讯每天推送的信息，也能够保持对于含有该关键词的信息的敏感度，因此能够迅速判断应该阅读哪些相关领域的书籍。

即便大家无法像我一样输入如此多的关键词，综合考虑工作和职位上的需求，应该也需要 40～50 个关键词。我在后面会具体讲解应该如何处理这些信息。

2. 每天早晚各花 30 分钟在家阅读相关报道

如果因为要阅读这些信息而失去了读书的时间，那就是本末倒置。我建议大家在早晚利用 30 分钟的时间在家阅读这些报道。

之所以要将时间限制在 30 分钟，是因为在浏览信息时会收到网络上推送的无数不相关的信息。如果不事先限制阅读的时间，就会一直忙于阅读信息。预先设定好每天早晚各花 30 分钟阅读的话，就能够实现优秀的文章通读全文、其他的文章只看标题这种张弛有度的阅读方式。

之所以要在家阅读，是因为在办公室阅读的话会被会议、商谈等事情打断，无法专心阅读。并且，如果你在浏览网上新闻的时候,恰巧被悄悄走来的上司看见,他就会认为你在偷懒。"你看起来很清闲啊,帮我把这件事处理一下",像这样会不断分派新工作给你。

3. 使用家中的电脑和大屏显示器来阅读

另外,我建议大家不要使用智能手机、平板电脑和笔记本电脑浏览信息,要尽可能地坐在书桌前,将笔记本电脑连接到大屏显示器后再收集信息。这样可以同时打开多个窗口,不会遗漏任何信息,同时也省去了切换窗口的时间,能够大幅提升效率。

购买 22~24 英寸宽的显示屏只需要花费 1.3 万~1.5 万日元,考虑到它的使用效果,我十分推荐大家购买。

简单介绍一下,图 5-2 是我在家中使用的大屏显示器,图 5-3 是我在办公室使用的显示器。

4. 订阅 4~5 个电子杂志

不同的电子杂志会持续推送很有价值的信息。我经常阅读的电子杂志有《日经商务在线》《钻石在线》《东洋经济在线》等杂志。

我经常通过这些电子杂志上的介绍,了解并购买了很多自己需要的书籍。

5. 充分利用 Facebook 的时间线

在 Facebook 的时间线中经常能够看到有关精彩书籍的介绍。通过 Facebook 的时间线还能够看到同一个人发表过的所有文章，如果是值得信赖的人，并且文章也是和自己有兴趣的领域有关的内容的话，也应该去积极阅读这个人的文章。

如果觉得有些博客的文章在内容上有不妥或存在争议之处，那么接下来他人对于该博主所发表的文章也会持怀疑态度。由此看来，发表在社交网站上的文章是否能够展示一个人的真才实学，这一点经常处于大众的审视之下。

图 5-2　家中的显示器

图 5-3 办公室的显示器

6. 积极参加各类展会、研讨会，收集各类信息

如果只是单纯地收集网络上的信息，就会失去接触不同类型的信息的机会，有时也会难以判断什么是真正重要的信息，什么是紧急的信息。

为了避免这种情况发生，应该每月参加一次展会。从长远的发展来看，投入一些费用参加展会，会有很大的收获。

阅读谷歌资讯推送的信息、电子杂志信息，以及 Facebook 上的文章，并加以整理和分析后，自然就会找到自己要读的书籍。

并且，参加展示会和研讨会，不仅可以提高对于信息的敏感度，还能够不断发现帮助我们提升个人能力的书籍。

另外，有关收集信息的方法，我在《零秒工作》这本书中进行了详细的介绍，如有兴趣可参考这本书中的相关内容。

提高信息敏感度④
问题意识打造高深见解和洞察力

选择适合自己的书籍，最关键的是对一切事物都要持有问题意识。

问题意识是指：针对工作和公司的状况、公司所属的行业的动向、技术和法规的动向、日本社会和经济、世界的发展趋势、战争和恐怖袭击、环境问题、粮食问题等事项，不断思考为什么会产生这样的现状，这样发展下去会发生什么样的变化，以及我们个人会受到怎样的影响等问题。

只要持有问题意识，就几乎不用追究其性质。即使相关的问题意识并不深刻，但在针对一个目标已经做好了准备时就能朝着目标不断深入探究，抓住其本质。

举例来说，如果我们在平时就经常思考"待机儿童[①]"的问题，就应该能像下面列举的要素一样不断深入地挖掘问题点：

①有很多女性在工作，但幼儿园却很少，为何不能增设幼儿园？
②增设幼儿园会花费大量的资金吗？
③增设幼儿园后，会有足够的幼师上岗吗？
④成为幼师的途径并不是很多？
⑤是否会导致麦当劳、吉野家等快餐行业缺少人手？
⑥餐饮店的工作和幼师的工作有很大差别。
⑦幼师的工资只有10万日元，这是事实吗？
⑧如果情况属实，应该给幼师合理的待遇。
⑨但是国家每年都会给幼儿园大笔的补助金。
⑩是否有人不希望增设幼儿园？

即便是经历尚浅、缺乏自信的人，**只要持有问题意识，都能不断取得巨大的提升**。坚持不懈地读书，不断加深见识，在与人交谈时也能够让对话变得更有意义。没有丰富的经历，没

[①] 由于人手不足等原因，迟迟无法进入托儿所的婴幼儿。——编者注

有自信——这样的问题也不再会是问题。

根据自身的问题意识，坚持读书，积极与他人讨论，就能更加深入地理解书中的内容，并且增强自信心，个人的能力也会有显著的提高。

相反，如果认为一切事物都与自己没有关系，没有任何兴趣，最终会导致思考的停滞，也无法培养独立思考的能力，眼界也会变得狭窄。我们一定要尽力避免这样的状况发生。

从我自身的经历来看，我在大学时代到二十多岁的这个年龄段中有着十分明显的阅读偏好，那就是对政治、经济、社会、国际类问题丝毫不感兴趣。这或许也是很多理工类工程师的共同特点吧。

与其说是不感兴趣，更应该说是避而不看。然而，我在问题意识的驱使下采取行动时，却自然地加强了对下列问题的关注：

①为什么很多人会患有抑郁症？有没有方法能够预防抑郁症？
②为何家长会对子女过度保护、过度干预？为什么家长会过度关注子女？
③如果父母对子女实施家暴，那么其子女也会有家暴的倾

向，怎样避免这类事情的发生？

④导致日本人英语很差的最大的原因是他们羞于开口。

⑤日本以外的国家的人民是否只是将英语视为一种沟通工具？

⑥为何会出现"伊斯兰国"？中东问题的本质又是什么？

⑦为何产生宗教？宗教的利弊又是什么？

如果有一定程度的问题意识和关注，就能够很轻松地找到相关信息。在阅读相关信息时，立刻在网络上购买文章中推荐的书籍，或者在书店中快速地找到相关领域的书籍。

理工科领域的人士对于政治、经济、社会科学类的问题几乎不感兴趣。相反，人文科领域的人士对于科学、技术、工学也没有很高的关注度。其实，这样会失去很多学习的机会。我建议大家一定要主动去关注自己之前并不关注的领域，比如可以去书店中看看从未去过的书架上的书，或许会有很多新的发现。

提高信息敏感度⑤
阅读优秀作家的全部作品

作家分为十分优秀和并不是特别优秀两类。有些作家的书很畅销，但作家本身并不是十分优秀的人。有些作家的书销量一般，但是本人却十分有魅力。

我认为原因大概有以下两点：

第一，畅销书未必都是好书。一本书是否会成为畅销书属于无法预测的事，在畅销之前完全不能预知其结果，畅销后也只能获得这类书大概很受欢迎这种结论。

书店的空间有限，所有可利用的空间都摆满了书。每天也会有大量的新书被送往书店，销量不好的书一般会立即退回给出版社。

但是，就算出版社请求书店再摆放一段时间，可如果没有将书放在显眼的地方，也就很难被人注意到。另外，放在书架上的书其实也很难被人发现。那么书店的店员按怎样的标准摆放新书呢？据我了解，店员主要是根据该作家之前出版的书籍的评价，其他店铺的销售业绩，以及作为专业人士的判断来决定如何摆放新书。

第二，是看作家是否和自己兴趣相投。如果一位作家在作品中展现的内容与我的问题意识、所处的环境以及当前觉得困扰的事情等情况有相似之处，那么这位作家对于我来说就是一位好作家。这位作家的作品中的每一句话都会打动我，甚至会引发我的意识和行动的改变。

遇到这样一位作家可谓是人生的一大幸事。

我起初在小松公司是一名普通的工程师。那段时间我阅读了大前研一先生的全部作品，受到了很大启发。我最开始阅读了《企业参谋》这本书，后来我阅读了他当时出版的全部作品。在那时，我并不了解麦肯锡公司，只是觉得阅读大前先生的作品让我受益匪浅。

后来，我到美国斯坦福大学留学。在回到日本的一年后，我收到了麦肯锡公司通过猎头发来的邀请。我因为读过大前研一先生的书感到深受启发，就毫不犹豫地决定进入麦肯锡公司工作。由此可见，大前先生的书对我有很大的影响力。

根据我自身的经历，我建议大家遇到优秀的作家，就一定要阅读他的全部作品。任何作家的作品都会有好有坏，但并不会有太大的差距，为了不错过任何一本好书，我们应该尽量阅读同一位作家的所有作品。

在前文中我曾提到一个作家的作品只要阅读2～3部就足够了。但是，当我们不是以兴趣和教养为目的，而是想要将一个人的想法和意识转化成自己的知识时，我建议大家一定要深入阅读这位作家的全部作品。

那么应该从哪里开始阅读一位作家的作品呢？我认为如果因为这位作家的某部作品而感到佩服和感动，那么就可以按照自己的喜好尽情地阅读其作品。每个人的状况和需求都有所不同，可以自行决定阅读的顺序。

例如，我在阅读彼得·德鲁克的作品时，先是阅读了《非营利组织的管理》这本书后感到深受启发，接着又阅读了《管理的实践》《创新与企业家精神》《德鲁克全书》《卓有成效的变革管理》《创新者的条件》《下一个社会的管理》这几本书。

另外，我阅读司马辽太郎的《坂上之云》时颇为感动，接着阅读了《龙马来了》《国盗物语》《燃烧吧！剑》《花神》《新史太阁记》《恰似飞翔》《项羽和刘邦》《峠》《活在世上的每一天》这些书。

这就好像在中学或是图书馆里偶然发现了一本自己喜爱的书，之后就不断地借阅这位作家的作品。

小说姑且不谈，如果发现能够对自己的人生和工作提供直接帮助的作家，那么只要阅读一定数量的这位作家的作品，慢慢地就能够从整体上把握这位作家的思想。不仅要用大脑去理解，甚至要用身体感受作家的想法。阅读到这种程度，就能够掌握所有想要知道的信息，就会充满自信，到这个阶段后就可以暂时不用阅读该作家的书了。

当然，随着时间推移，工作上的立场会发生改变，自身的需求也会产生变化，也能够更深入、更透彻地解读书中的内容。由此可见，极其优秀的作家所写出的作品，无论历经多少时间也仍会被人追捧。

提高信息敏感度⑥
关注前辈、朋友的书架

关于应该阅读什么类型的书,可以多听取喜爱读书的学长、朋友的意见。

"相信对方的读书品位"是关键,这与信赖对方的人品和工作能力是完全不同的概念。

尽管相信对方的人品,但和对方读书品位相差甚远的情况也十分常见。

感兴趣的点、能够学习或参考的内容,以及觉得感动的地方,每个人都各不相同。因此,在向他人请教应该阅读哪类书时,首先要选择咨询对象。

从我个人的经验来看,明明是他人大力推荐的书,可我在阅读的时候却感觉一般，这样的情况也不在少数。因为是别人大力推荐的书，所以会认真地从头到尾阅读，但是坚持阅读的话就会感觉："这本书并不是十分有趣，是不是接下来会有精彩的内容？"像这样直到读完这本书，才会发现书中的内容并不是十分精彩。

当推荐这本书的人问道："那书怎么样？不错吧？"我只能回答："是这样的。"

这种情况经常出现，因此我明白：推荐这本书的人是十分优秀的人，但是他推荐的书却无法吸引我。

在观看别人推荐的电影这件事上也是一样的道理。有人喜欢迪士尼电影这样有美好结局的电影；有人喜欢心惊肉跳的惊悚电影；有人喜欢故事情节阴暗、真实感强烈、能让人投入情感的电影。

如果身边有读书品位值得信赖的前辈和朋友，应该让他们多多介绍好书给自己。至于他们的读书品位是否值得信赖，可以通过观察他们所阅读的书籍与我们自身的兴趣、爱好是否存在相似之处来确认。在读过一本书后，积极和对方交流感想，同时也要心怀感谢地向对方表明今后的努力目标。

只要做到这一点,对方就不会有"特意推荐了这本书,但是他似乎并没有仔细阅读。我以后也不会再费力推荐了"这样的想法。

回顾我自己的学生时代和二十几岁的青年时代,那时最重要的事就是经常去好友和前辈家,仔细观察他们的书架。这样可以观察了解到他们正在阅读什么类型的书籍,又是如何学习的,这也是非常珍贵的信息。相反,别人通过观察我的书架就能够了解我关注的领域,也会让我产生既害羞又自豪的心情。

提高信息敏感度⑦
不随意买书

买书的关键之一在于不随意在书店里大量购买书籍。从某种意义来说，这种做法听起来或许有些矛盾。

读书的人肯定不会讨厌书，他们去到书店里的话，马上就会心血来潮，"这本书必须读，这本千万不能错过，很久以前我就想看这本书，如今终于找到了"，会一口气购买很多书。

只要开始大量囤积书籍，就会一发不可收拾，大概很多人都有过类似经历吧：

读书是好事→这里有如此多的书→这本书一定要买→这本书也必须要买

我本人也经常被这种想法支配而买很多书，所以曾经有一段时间会尽量避免去书店。

即使慎重思考后再购买书籍，很多人也会在不知不觉中囤积 10 本书以上。买书时虽然兴致高涨，但买回家也只是继续囤积起来。所以，我经常告诉自己不要随意买书。

因为我们的时间有限，所以我建议大家买书时要精挑细选，并且阅读时要尽量完全掌握书中的知识，做到充分运用。

提高信息敏感度⑧
延后阅读畅销书

至于是否要阅读畅销书，我自身也经常感到非常迷茫。但是我认为还是尽量不阅读畅销书比较好。就我自身的经验来说，我曾受书评的影响而阅读了很多本畅销书，但在阅读后往往并没有任何收获。

畅销书会因吸引眼球的书名、恰到好处的出版时机、作家的高知名度等因素受到广泛关注，从而被人们广泛热议，甚至销量会多达几十万本。但实际上，并不是因为书的内容本身很出色才会成为畅销书。因此，只是因为畅销书的热度就去购买的话，有很大的概率在读过后可能会感到失望。

相反，长销书就完全不同了——因为其内容十分有价值，所以才会一直受到追捧。

需要我们阅读的书数不胜数，因此可以适当延后阅读畅销书。只读一些长销书才是明智的选择。这也是我在读书时的基本策略。

大家常说不看热门电视剧就很难跟上大家谈话的话题，然而读书却不存在这样的情况。就算不读畅销书，也不会在与人交谈时出现困扰。因此，按照自己的需求坚持读书就足够了。

因为能够掀起爆炸式热潮的书籍并不是多数，所以我认为没必要特别关注畅销书。按照本书所推荐的方式筛选书籍并坚持阅读才是最重要的。

提高信息敏感度⑨
规划未来 5 年的目标

为了发现自己需要阅读的书，有必要规划未来 5 年的目标，并从目标倒推现在应该采取的行动。

我离开工作 14 年之久的麦肯锡公司后，开始从事支援风险企业发展的工作。那时我规划的 5 年目标是"通过支援风险企业活动，挖掘有潜力的公司并支援其快速发展"。

因此，这时我主要想要阅读的书籍的领域和内容主要是：

硅谷的风险企业的创业环境

韩国、中国台湾等亚洲地区风险企业的创业环境

日本风险企业的创业环境

风险企业快速发展的条件

十分有潜力的日本的风险企业

B2C 商务的商业模式

大学创办的风险企业的经营模式

相关问卷调查和广告宣传的知识

相关风险企业的法务、股份购买的知识

大企业新项目的推进和研发管理

大企业领导部门和开发部门分离的现状

总之，从硅谷和国外学习相关风险企业的知识，同时把握日本国内的现状，理解商业的本质，了解大企业对风险企业的把控。如果读到这种程度，大致就可以把握行业的总体情况了。

再举一个例子。我十分关注日本人是否能用英语进行毫无障碍的交流。因此，我这样规划今后 5 年的目标：建立能够彻底提高日本人英语水平的体系。

为此，我应该阅读的书籍的领域和内容是：

日本人英语水平在国际上的位置

日本的英语教育的现状和课题

日本的英语教师的类型、质量、方法和变迁

日本主要的英语学校的类型、现状、行业重组

网络英语会话的种类与现状

日本人的国际化意识和接触外国人的态度

留学的成果和定位

日本企业国际化进程中的课题整理

各国的英语教育和问题意识

世界各国，特别是亚洲地区的英语应用现状

总之，通过分析和比较日本与海外英语教育的现状，结合日本企业国际化进程中的课题，思考如何消除日本人的偏见、灵活运用英语的问题。

像这样，通过规划未来 5 年的目标，我们就会十分明确自己需要阅读的书籍。读过一定数量的书后，自然会在头脑中浮现今后应该如何做的假说。依照这个假说，我们可以继续深入阅读，或是调整方向。有很多人不太习惯建立假说，因此我按顺序给大家介绍一下应该如何建立假说。

1. 首先临时设定一个目标

对于不习惯建立假说的人来说可能不适应这样的做法。但是，一旦确定今后的努力目标，随后也可以及时调整方向，极端地说，就是可以首先随意地确定一个目标。

因为没有目标就无法开始采取行动，所以起初要毫不犹豫地做出决定。即便不习惯，也要在几分钟内做出决定。或许有些人会感到不解，但这其实就和决定"午饭吃什么"是一样的。

例如，我在思考如何提高公司员工的英语水平时，首先会想到在公司内部制定报销英语学习费用的制度。

2. 再次探讨暂定的目标是否合理

在建立了假说的基础上，需要重新考虑目前暂定的目标是否合理。比如，"想要做什么""为此应该如何努力"，思考这样的事。

于是，我们就会发现现在的目标或许并不合适。这时必须要重新思考目标。一般情况下不会出现需要推翻重新决定目标的情况，只要修改一部分的想法就可以了。

例如，对于"提高公司员工的英语水平"这个项目，再次审视周围的工作状况，很快就能发现"大多数员工几乎没时间去英语学习班"。因此，就会考虑在线学习英语或是在公司内部举办学习会。

3. 收集信息，确认假说

到目前为止，我们所做的事是根据已经掌握的信息建立假说。尽管大多数事项都是正确的，但为了确保万无一失，还需要做进一步的调查。

通过网络搜索相关的信息，并花 20～30 分钟阅读 20 条左右与其相关的信息。事后很有可能需要再次阅读已经读过的信息，所以要收藏链接。我会根据不同的题材建立不同的文件夹，在文件夹中放入调查过的文章的链接。文件名要先加入日期，然后再放入标题。创建好的文件名就是下面的格式。

（16-05-15 幼儿园入园难，日本去死→该死的是那些既得利益者）

以"提高公司员工的英语水平"这个项目为例，通过调查，发现在线英语课程的效果显著，且具有价格低廉、不受地点限制的优点。相反，输入"英语""挫折"这样的关键词来搜索，又会发现有很多人都在抱怨这样做难以坚持学习。

为此，我们可以将假说结合起来：不受场所限制的网络学习更具魅力，在公司内部举办学习会也更方便督促大家坚持学习。

4. 尽可能听取专业人士的意见

在网络上收集信息的同时，如果想到了该行业中的知名人士，就应该尽量与他们取得联络，并当面咨询意见。如果受时间和空间的限制无法与他们见面，也可以打电话咨询，大概只要两个小时就可以完成。

按照这样的速度推进，即便初次经历这个过程的人也能够在 2～3 小时后，提出改进原有的假说的思路。建立假说其实并没有想象的那样复杂。

对于"提高公司员工英语能力"的项目，询问已经开展了类似培训项目的公司，得知对方公司为了能更好地让员工坚持学习，在公司内部举办了学习会。于是，我意识到为了让大家坚持学习，在公司举办学习会可能会更加有效。

5. 修正假说，确立新目标

以自己的想法为基础，不受原计划的束缚，大胆地修正假说。因为是在收集到大量信息的基础上进行修正，所以可行度也比较高，可以先确定这个目标。

以学习英语的项目为例，最初我们可能会想到"提供学习英语的学费"。随后，可能会建立聘请英语老师来公司内部做培训这样的方案。很明显,后者的优点就是大家更方便学习,也更容易坚持。

以迄今为止建立的假说为基础,阅读一定数量的相关书籍,然后付诸行动,就会有很多新的发现。到了这个层次,我认为最重要的就是通过实践获得反馈。请大家一定要不断实践。

提高信息敏感度⑩
提高信息敏感度的 7 个习惯

　　主动读书，时常保持探究意识并采取行动，对于信息的敏感度自然会不断提高。这样，就能不断发现大量与自己研究的课题有关的书籍。网络信息、他人的谈话、无意间听到的事都会成为很好的启发。这样就不会错过之前没有注意到的信息。

　　从消磨时光、满足兴趣开始的被动读书变成主动读书。
　　边读书边成长，改变和改善工作方法，不断向他人传递信息并收集信息，便会不断地产生良性循环。

　　不过，想要达到对于信息的敏感度高、对于任何事都能迅速做出反应的状态，需要从平时就做好准备。下面我将告诉大家应该如何做准备：

1. 工作再忙也要不间断地收集信息

设定好目标后，应该朝着目标不断努力，可由于工作太忙便将目标抛到脑后，经常会过了干劲十足的状态，无法找回最开始想要完成目标的决心。由此可见，无论再忙，也应该坚持系统性地收集信息。

2. 始终要有个人独到见解

在日本，个人的意见往往并不受到重视。然而，在其他国家，在别人看来没有个人见解的人是极其愚蠢的。

即便现在还没能实现，但在全球化进程中，如果某一天现在的公司突然变为外资公司，自己的上司或下属也有可能会是其他国家的人，为了应对这样的改变，我们也应该有自己的独特想法。如果我们在平时就养成这种习惯，就不会觉得持有自己的想法是一件很困难的事，反而会感到十分畅快。

3. 将自己的意见传递给他人

如果有了自己独特的见解，最好也传递给他人。一直以来，日本人都尽量避免发表自己的观点；这样，既不会让情绪得到释放，也会阻碍个人的成长。

在需要发表意见的场合，会有很多人因为不习惯说出自己的想法而过于谨慎。

觉得表达自己的想法是一件无聊的事，不仅会成为自身的压力，也会让别人感受到你的态度。我认为应该养成一边思考他人立场一边发表个人观点的习惯。

4. 只差一步未能成功，即便如此也不纠结

即便自己十分努力去完成，最终却没有获得成功，这样的情况也屡见不鲜。没有偷懒，也没有做不恰当的事，但结果就是不如人意。

这时我会想"不应该过度在意"，这样安慰自己："已经努力过了，不要过度在意结果。从头再来！"人生不可能事事如愿，对于所有事情都过度在意，只会让自己愈发消沉。凡事"适度"就好（当然不是说要半途而废，而是不要过度在意）。

我偶尔也会意志消沉，如果并不存在很严重的失误，我通常安慰自己没有办法改变已经发生的事。实在想不开，就会睡觉，睡醒后就全忘了。

有些人可能始终无法释怀，但这也是没办法的事。没必要让自己陷于痛苦之中。我在《零秒思考》这本书中提到过写30页左右的A4纸笔记，就能惊奇地发现痛苦会减少很多。但其实一旦开始写笔记，就会发现最多也只能写10页左右。

5. 想办法让自己重新振作，思考补救的办法

"只差一步没能成功，但也不在意"，即便这样，内心还是会感受到挫折。有时可能会感到身体不适，根本无法拿出干劲。

为了应对这种情况，我们必须想办法让自己重新振作，思考补救的办法。就我本人来说，让自己振作起来的方法就是保证睡眠时间，以及坚持在休息日打网球。另外，还要多接触那些充满活力的人。

6. 在各个年龄层中有两位可以商讨的人

自己明明已经竭尽全力了，最后却还是无法取得成功，或许大家都经历过这样的情况。这时，自己一个人无法消化这种情绪，面对毫无道理的事会变得更加情绪化。

因此要保证在同龄人中、年长自己5岁到10岁，以及小自己5岁到10岁的各年龄层中有两位可以一同商讨的人。遇到这样的事时，可以及时和他们沟通，并立刻获得他们的回应，这

对我们有很大的帮助。

如何寻找这样的朋友呢？首先，要在同龄人以及不同年龄层中分别选出 5 个人，然后从中找出有思想、值得信赖、对自己有好感且主动接触自己的人，然后再分别和他们共进晚餐。通过这种方式找到能够咨询的对象。当然，没有必要告诉对方这个意图。

7. 要拥有足够的自信

在最开始就应该拥有足够的自信，但很多人都没有。只要坚持上述这 6 点，就能够逐渐拥有自信。

保持自信说起来容易，但如果能轻易做到，也就不会有人感到有困难。即便如此，依靠个人的努力，也完全可以做到提升自信心。

缺乏父母的关爱、遭受家庭暴力、面临生离死别、遭受重大的心理创伤，经历过这些事，可能会认为自己无用，无法完全肯定自己存在的意义。

但是，这些问题都可以通过本书中介绍的"主动读书法""为个人成长而读书"以及由此而引发的行动来改变。希望大家能够牢记这一点。

后　记

本书从多个角度分析了"为何优秀的人再忙也要读书,并且把书中的内容活用在工作和生活中"这个问题。

越是忙碌的人就越能有效地掌控自己的时间,充分思考目的后再开始读书,从而做到"主动读书"。总之,就是要自己做出判断,合理分配时间,找到适合自己的读书法。

这并不是所谓的"消磨时间""没有计划"的被动读书。

一直以来,许多人都认为"读书就是一好事",然而随着智能手机的普及、网络的发达,人们被剥夺了读书的时间,也越来越无法集中精力认真读完一本书。

彻底转换对于读书的看法,思考工作忙碌的人是如何控制自己不沉迷手机和网络的。合理分配时间来读书,灵活运用书中的知识，并最好和它们一起展开行动。

从小学起我就读了很多书，这些书也成了我心灵的依托。虽然每个人与书邂逅的方式都有所不同，希望这本书能够帮助大家从全新的角度来看待读书这件事。

建议大家尽量阅读对生活和工作有直接帮助的书籍。书是人类发明文字以来的瑰宝，人类应该珍惜并灵活使用书籍。

感谢大家阅读这本书。

希望大家将阅读这本书后的感想和疑问发送到我的邮箱（akaba@b-t-partners.com），我会及时回复大家。

另外，我在Facebook上建了一个名为"行动读书"的读者交流群。大家在网上搜索便能立即找到。期待大家的参与和互动。

赤羽雄二

出版后记

"工作太忙，没有时间读书""根本无法静下心来阅读一本书""我读过一些书，但是感觉这些书并不能给我的工作和生活带来帮助""不知道应该读哪些方面的书"……很多职场人士在提到读书时都会有这样的困扰。但其实，越是工作出色的人，就越是会阅读大量的书籍。他们每天的工作十分繁忙，却坚持在忙碌的工作中拿出时间读书，不断了解自己未知的领域，提升自己的能力。

本书作者赤羽雄二，曾在麦肯锡工作14年，不仅参与过企业的经营改革，还一手创办了韩国麦肯锡分公司。身为机械工学类硕士的作者，在毕业后却进入到了麦肯锡工作，成为了一名咨询师。为了能够胜任这份工作，作者依靠读书学习了大量经营、管理等方面的知识。无论工作多么忙碌，他也坚持每个月读 10 本书以上。因此，他也总结出了一套能够在短时间内提升读书效率的方法。

在这本书中，作者详细介绍了一套系统、实操性高的读书技巧。不仅能够教你在工作之余如何合理规划时间，确保用来读书的时间，还能教你如何利用 A4 纸整理书中要点，牢记书中内容。更能教你如何在读过书后建立"读书档案"，设定行动目标，切实地将书中的内容转化为自身的知识。

希望读过这本书后，大家能够改变对于读书的看法，找到适合自己的读书方法，把读过的内容应用到自己的工作和生活中，不断创造良性循环，让读书成为改变自己一生的契机。

服务热线：133-6631-2326　188-1142-1266

服务信箱：reader@hinabook.com

后浪出版公司
2018 年 10 月

©民主与建设出版社，2019

图书在版编目（CIP）数据

麦肯锡精英高效阅读法 /（日）赤羽雄二著；陈健译. -- 北京：民主与建设出版社，2019.3（2023.2重印）
ISBN 978-7-5139-2348-4

Ⅰ.①麦… Ⅱ.①赤… ②陈… Ⅲ.①读书方法
Ⅳ.①G792

中国版本图书馆CIP数据核字(2018)第260087号

ACTION READING
Copyright © 2016 YUJI AKABA
Original Japanese edition published by SB Creative Corp.
All rights reserved.
Chinese (in simplified character only) translation copyright © 2019 by Ginkgo (Beijing) Book Co., Ltd.
Chinese (in simplified character only) translation rights arranged with SB Creative Corp. Tokyo through Bardon-Chinese Media Agency,Taipei.

版权登记号：01-2018-8549

麦肯锡精英高效阅读法
MAIKENXI JINGYING GAOXIAO YUEDUFA

著　　者	［日］赤羽雄二
译　　者	陈　健
出版统筹	吴兴元
责任编辑	王　颂　刘　艳
特约编辑	李雪梅
封面设计	墨白空间・陈威伸
出版发行	民主与建设出版社有限责任公司
电　　话	（010）59417747　59419778
社　　址	北京市海淀区西三环中路10号望海楼E座7层
邮　　编	100142
印　　刷	北京天宇万达印刷有限公司
版　　次	2019年3月第1版
印　　次	2023年2月第3次印刷
开　　本	889毫米×1194毫米　1/32
印　　张	6.5
字　　数	117千字
书　　号	ISBN 978-7-5139-2348-4
定　　价	36.00元

注：如有印、装质量问题，请与出版社联系。

零秒思考

著　　者：［日］赤羽雄二
译　　者：曹倩
书　　号：978-7-210-09188-2
出版时间：2017.06
定　　价：32.00 元

面对工作困境，怎么能瞬间看出症结所在？如何拥有零秒制胜的惊人决断力？

麦肯锡韩国分公司创始人、日本咨询大师倾力打造让思考语言化、可视化、技能化的终极武器。

临近 deadline，还在迷迷糊糊兜圈子？工作不得要领，一番折腾后又回到原点？话在嘴边却怎么都说不出口？满脑子朦胧的想法却迟迟无法动笔写企划案？很多人都会面临这种工作困境，但至于怎么改变却总是找不到好办法。

这本书教你的就是把心中想法落实到语言和实践中的具体做法——零秒思考。

作者在麦肯锡公司的14年中，参与了企业的经营改革，深知员工的战斗力会很大程度上左右一个公司的未来，所以非常重视一个人的深入思考、制定解决方案，并能够彻底执行的能力。本书讲述的零秒思考就是他从多年实践中总结而来的。简单来说，就是运用A4纸整理思维碎片，集中1分钟时间进行"头脑体操"，从3个可行解决方案出发，高效收集目标信息。

相信这本书可以帮你告别盲目与拖延，让思考事半功倍，让工作难题迎刃而解！

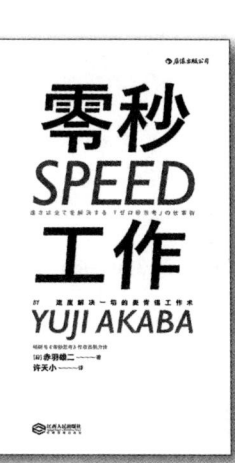

零秒工作

著　　者：[日]赤羽雄二

译　　者：许天小

书　　号：978-7-210-08832-5

出版时间：2016.12

定　　价：36.00 元

该做什么工作？按照什么顺序推进工作？如何提高每一项的工作速度？我们即使知道工作的效率和速度很重要，却还是因为工作进度缓慢而痛苦不堪，找不到解决办法。

本书作者曾在麦肯锡工作14年，一个人同时负责7—10个项目。独立创业后，同时参与数家企业的经营改革，每年举办的演讲超过50次……作者能够完成如此庞大工作量，其关键在于其工作哲学就是："思考的速度可以无限加快"和"工作的速度可以无限提升"。掌握了能够瞬间整理脑中思路的"零秒思考力"之后，你还需要能够快速、高效完成工作的"零秒工作术"。

本书中不仅有提升工作速度的基本观念，还有详细解说"零秒工作术"的具体做法，更有作者多年经验总结得出提升工作效率的诸多方法：凡事抢先一步做好准备，让工作进入良性循环；在电脑中登录200—300个常用词汇；利用白板提升会议效率，等等。有了这样的基础，再复杂的工作也能迎刃而解，让你在工作中充满自信。

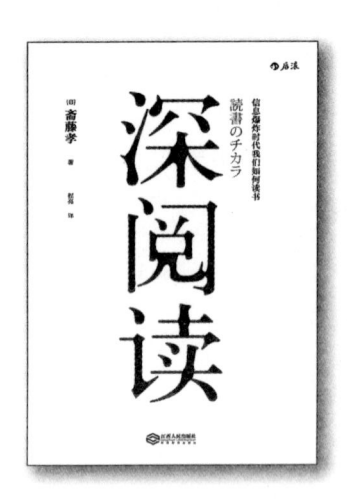

深阅读

著　　者：[日]斋藤孝
译　　者：程亮
书　　号：978-7-210-08558-4
出版时间：2016.09
定　　价：36.00 元

网络让我们漂流在信息海洋的表面
而阅读带我们向下深潜，汲取深藏水底的精神清流

　　在当今这样快节奏的时代，读书稍显老套，但我们确实无法忍受没有书的人生。读书到底有什么意义？这个问题乍看简单，实则难以回答。本书作者认为人类的思想早已达到极其深邃的程度，犹如地层深处流淌着的清流，唯有通过读书掌握了"深潜能力"，才能找到地底珍贵的宝藏。

　　本书主要从根本上阐述"读书"的意义，更有作者力荐的创新性读书方法。透过本书的字里行间，我们细细感受作者阐述"读书"的力量，找回生而为人最宝贵的财富。希望本书能带给你更好的阅读体验。